SCHLESWIG-HOLSTEIN

PPELN

AHOI

FEHMARN

L

K

M

LABOE

KIEL

N

PLÖN

EUTIN

Q

P

R

NEUMÜNSTER

T

BAD SEGEBERG

TIMMENDORFER STRAND

TRAVEMÜNDE

U

NORD

LÜBECK

WEST

OST

X

W

BAD OLDESLOE

Y

SÜD

EBERG

RATZEBURG

Förde Fräulein

Zauberhafte Adressen aus Kiel und Schleswig-Holstein

www.fördefräulein.de

Ahoi!

Das Meer vor der Haustür, weite Dünen, grüne Deiche, eine steife Brise und mit Fernweh am Ufer stehend große Schiffe hinausschippern sehen – all das mag ich an Kiel und Schleswig-Holstein. Meine Heimatliebe teile ich leidenschaftlich gerne auf dem Förde-Fräulein-Blog www.fördefräulein.de in Kooperation mit dem Stadtmagazin KIELerLEBEN. Hier präsentiere ich neben meinen liebsten Cafés, Bars und Restaurants ganz besondere, inhabergeführte Geschäfte, die dir die schönen Dinge fürs Leben bieten. Seit 2012 tragen die vielen begeisterten Leser zum phänomenalen Erfolg des Blogs und des ersten Buches „Förde Fräulein – Kiels zauberhafte Adressen" bei.

In der Fortsetzung des beliebten Topsellers begebe ich mich nun von Kiel aus auf eine Entdeckungsreise durch den ganzen Norden. Von der Ostsee bis zur Nordsee, an der Küste entlang oder im Binnenland – ich lege dabei nicht nur mehrere hundert Kilometer zurück und fotografiere tausendundein schönes Motiv. Es sind die unzähligen Begegnungen mit Menschen, ihren Geschichten, spannenden Ideen und außergewöhnlichen Produkten, die mich jeden Tag begeistern.

Die Geheimtipps, die ich dabei aufspüre, habe ich für dich exklusiv in diesem liebevoll gestalteten Bildband gesammelt.

Ich zeige dir in diesem Buch die zauberhaftesten Adressen rund ums Stöbern und Schenken, kulinarische Highlights aus der Region von Fischbrötchen bis Sahnetorte, besondere Wohninspirationen, ausgefallene Mode sowie Orte für eine entspannte Beautyzeit. Aber auch Handgemachtes mit Herz wie maritimer Schmuck oder kunstvolle Malereien warten auf dich, bevor du dich auf eine Reise in vergangene Zeiten begibst. Beim Lesen und Entdecken wirst du dich mit jeder Seite mehr in den Norden verlieben!

Komm mit an Bord, und staune über die vielen Details, die unsere Heimat so besonders machen!

Deine Finja Schulze

Finja Schulze

⚓ Inhalt

Begleite mich auf meiner Entdeckungstour durch den Norden!

Beauty

Du bist einfach wunder-bar!

MOIN MOIN

Home Sweet Home

Stöbern & Schenken

Holtenauer Str. 30
24105 Kiel
(0431) 88 70 32 85

Kaufrausch

Alles, was das Herz begehrt

Immer, wenn ich mir vornehme, nur mal kurz bei Kaufrausch hereinzuspazieren, komme ich nach mindestens zwei Stunden mit einer kleinen Tüte wieder heraus. Kein Wunder bei dem Ladennamen. Ich stöbere einfach zu gerne in dem kunterbunten Sammelsurium aus ausgefallenen Wohnaccessoires, schönen Küchenutensilien, witzigen sowie poetischen Postkarten, Schreibkram, Kosmetiktäschchen und allerlei Schnickschnack, den ich ganz dringend brauche. Das rede ich mir zumindest bei jedem Besuch ein. Ich mag einfach die Mischung aus maritimen, modernen sowie mädchenhaften Lifestyle-Artikeln, versehen mit einer Portion Nostalgie und einem Hauch von Retro, die Inhaberin Petra Steffen in ganz Europa auswählt. Wenn du Anker genauso sehr liebst wie ich, dann ist dieser Ort ein wahres Paradies für dich. Ob Stempel, Tasse, Spiegel oder Wanduhr – mein Lieblingsmotiv ist überall zu finden. Aber nicht nur für mich selbst, sondern auch auf Geschenkesuche werde ich hier immer fündig. Übrigens, ein regelmäßiger Besuch bei Kaufrausch lohnt sich, denn jede Woche gibt es neue originelle Dinge, die das Herz begehrt. Ab dem 1. Oktober 2016 sogar im Kieler CITTI-Park!

14

Wallstr. 1
25524 Itzehoe
(04821) 949 07 75
www.pappsalon.com

Pappsalon

Schönes aus Papier

Die funkelnde Lichterkette und die in den großen Fenstern hängenden bunten Papier-PomPoms, lassen schon von außen erahnen, dass es sich hier um einen besonderen Laden handelt. Im Oktober 2014 eröffneten Linda Höser und Cathrin Tach ihr charmantes Ladenlokal in beeindruckenden Räumlichkeiten, die sie behutsam renovierten. Die antike Ladeneinrichtung hat ihre ganze eigene Geschichte. In den vielen Fächern entdecke ich jedes Mal neue witzige Postkartenmotive, die schönsten Notizbücher, blumiges Geschenkpapier, zauberhafte Kinderbücher und originelle Kleinigkeiten. Die besonderen Papierwaren stammen zum größten Teil aus kleinen Manufakturen und werden dort in Handarbeit hergestellt. Unter ihrem eigenen Label „Holsteinsalon" werden Cathrin und Linda selbst kreativ und bieten mit großer Detailverliebtheit feine handgemachte Dinge aus Schleswig-Holstein an. Zum Sortiment gehören Faltschiffchengirlanden, Konfetti, ein tolles Schleswig-Holstein-Poster, Babysöckchen, Honig und selbstgemachte Marmeladen. Du kannst dich auch in ihrem Online-Shop www.pappsalon.com inspirieren lassen!

Cathrin und Linda (v. li.) kennen sich bereits seit ihrem Architekturstudium

In der Kreativwerkstatt des Pappsalons kannst du u.a. an Sieb-druck-Workshops teilnehmen!

Yorckstr. 1a
24105 Kiel
(0431) 26 09 60 60
www.rosa-rostig.de

Rosa Rostig

Der magische Blumenladen

In dem zauberhaften Blumenladen Rosa Rostig komme ich mir immer vor wie eine Prinzessin auf Schatzsuche in einem magischen Labyrinth. Schon vor dem Eingang breitet sich ein Blumenmeer aus, das leise meinen Namen flüstert. Spätestens beim Betreten des liebevoll gestalteten Reiches voller duftender Schnittblumen, phantasievoller Blumensträuße, ausgefallener Töpfe und unendlich vieler dekorativer Kleinigkeiten auf rostigen Metalltischen entschwinde ich in eine andere Welt. Mir zwinkern kleine Meerjungfrauen zu und locken mich von Raum zu Raum, in denen es romantisches Porzellan, verspielte Ringe mit Rosen, filigrane Vogelkäfige und jede Menge anderer Accessoires aus Belgien, Dänemark, Frankreich oder Schweden zu bestaunen gibt. Die blau-weiß geblümten Tassen von Burleigh haben es mir besonders angetan. Schon seit 2003 teilen Sabine und Bernhard Steuernagel ihre Liebe für romantisches Leben und Wohnen und zeigen, dass Rost und Rosen wunderbar miteinander harmonieren. Für ein Stück Magie in meinem eigenen Zuhause nehme ich mir gerne einen Strauß aus traumhaften Ranunkeln mit.

Preetzer Str. 223
24147 Kiel
(0431) 38 67 46 93
www.steinreich-kiel.de

SteinReich

Im Reich der Blüten und Steine

Beim Betreten des etwas anderen Blumenladens SteinReich fühle ich mich immer wie in einem Märchen. Vor dem roten Backsteingebäude stehen steinerne Trolle und Engel zwischen Gestecken und Pflanzen. Die Skulpturen scheinen den Eingang zu einer verzauberten Welt zu bewachen. Dahinter verbirgt sich kein herkömmliches Blumenparadies: Der Tresen ist mit einer weißen Tür verkleidet, darüber hängen alte Bunkerlampen. Jede Wand besitzt eine andere Optik – an einer findest du sogar einen bewachsenen Stuhl. Im Fenster hängt ein Fahrrad, das als Blumenständer dient. Auf den Tischen aus alten Paletten und Kabeltrommeln stehen Blumenarrangements und weitere kleine und große Steinfiguren wie Elfen, Drachen und Waldgeister. Ich habe so etwas noch nie zuvor gesehen! Ein märchenhaftes Reich, das Inhaberin Corinna Muskalla hier geschaffen hat. Mit viel Liebe zum Detail setzt sie nicht nur ihre floralen Kreationen in Szene, sondern auch traumhafte Wohnaccessoires im Shabby-Chic. Nur zu gerne lasse ich mir die wunderschönen Kleinigkeiten in Ruhe verpacken und schenke sie einem lieben Menschen.

Corinna bindet dir traumhaft schöne Sträuße

ans Meer fahren

mio
design by kunstlos-hemburgach

EIN SCHLUCK
FÖRDE WASSER
&
EINE PRISE
KIELER SAND

Holtenauer Str. 174
24105 Kiel
(0431) 800 66 73
www.tragbar-kiel.de

TragBar

Ein leckeres Shopping-Erlebnis

Die TragBar ist ein ganz besonderer Ort für mich, denn hier habe ich das erste Mal als „Förde Fräulein" gestöbert. Mit diesem Tag verbinde ich den Beginn einer ganz wunderbaren Zeit. Daher kehre ich auch immer wieder gerne zurück und fühle mich bei Astrid Petersen und Niki Varvakis stets herzlich willkommen. Seit 2006 bietet das sympathische Paar hier neben köstlichem Kaffee zauberhafte Geschenkideen, hochwertige Kleidung, niedlichen Schmuck und viele andere originelle Kleinigkeiten an. Ich liebe es, nach einem guten Cappuccino und portugiesischem Vanilletörtchen in ihrem Designshop zu stöbern und bei jedem Besuch etwas Neues zu entdecken. Das Besondere ist, dass Astrid und Niki einen sehr persönlichen Kontakt zu ihren Lieferanten pflegen und viel Wert auf regionale Nähe, Fairtrade und soziale Komponenten legen. Ihre Liebe zur Fördestadt wird vor allem in den Kiel-Produkten von „Adelheid" deutlich, die es exklusiv nur in der TragBar gibt. Die Ankerseife ist das perfekte Geschenk für alle Nordlichter! Dazu gibt es hier für jeden Anlass die passende Karte oder maritime Mitbringsel. Eine fabelhafte Welt für Sammler, Verschenker und Entdecker!

IS WHERE MY
SOFA IS

Liebe

Genuss

Saarbrückenstr. 14
24114 Kiel
(0431) 530 23 33
www.2fach.eu

2fach Floristik & Patisserie

Eine köstliche Kombination

Die Küstenpraline mit Anker, Schokolade und Gin-Füllung von 2fach lässt mich geschmacklich auf Wolke sieben schweben. Den Werkstattladen von Corinna Fleißer und Sven Wagenknecht findest du in einem Hinterhof mit blühender Dekoration vor der Tür. Seit 2008 vereinen die mehrfach ausgezeichnete Konditormeisterin und der Floristikmeister mit viel Herzblut und Leidenschaft florale Kreationen mit feinster Konditorware. In der Theke lachen dich neben duftenden Schnittblumen und Gestecken liebevoll verzierte Törtchen, Pralinen und Marzipankreationen verführerisch an. Durch eine große Glasscheibe hindurch kannst du bei der Zubereitung der einmaligen Süßwaren zuschauen. Auf der Suche nach einem Geschenk werde ich hier immer fündig, denn zu jedem Motto gibt es die perfekte Torte! Dabei gönne ich mir meistens selbst noch eine kleine Schachtel Pralinen. Die maritime Hochzeitstorte mit Anker ist ein echtes Muss für eine Küstenbraut! Den passenden Brautstrauß sowie Blumendeko bekommst du hier gleich dazu. Von der Planung bis zum Abbau – Corinna und Sven entwickeln sogar individuelle Konzepte für verschiedenste Feierlichkeiten und Events.

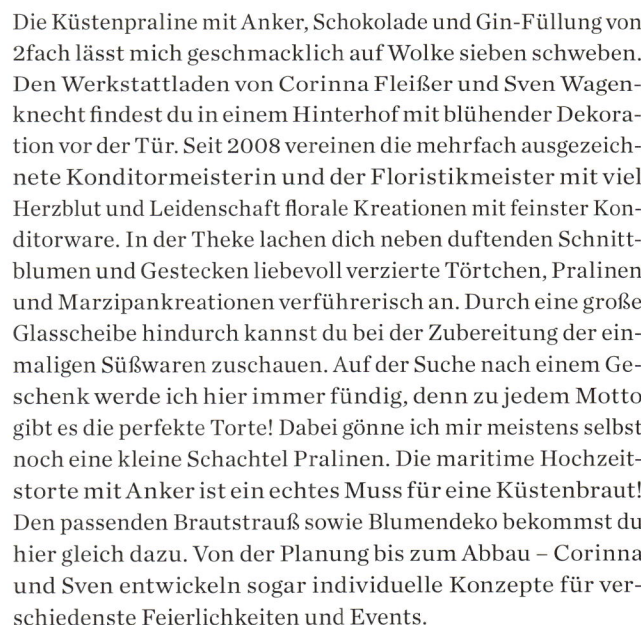

Holstenplatz 1–2
24103 Kiel
(0431) 90 88 69 39
www.astor.bar

Astor Bar

Cocktails über den Dächern Kiels

Im zehnten Stock des Astor-Hotels in der Kieler Innenstadt befindet sich die wohl höchste Bar der Fördestadt. Ich komme nicht nur aufgrund der traumhaften Aussicht gerne her, sondern auch wegen der modernen Cocktail-Kreationen, die Phillip Briceño und Daniel Bergmann hier mit viel Leidenschaft und Ideenreichtum zaubern. Mit ihrem Getränke-Menü, bei dem vier perfekt aufeinander abgestimmte Cocktails nacheinander serviert werden, haben mir die Beiden ganz neue Geschmackswelten eröffnet. Neben einem Daiquiri aus selbstgemachtem Wassermelonensorbet hat mich der „Fig Fashioned" mit einem Rum aus Venezuela, Feigensirup und Bitters zu einem süßen Schokoküchlein am meisten begeistert. Mal was anderes als Piña Colada! Zu jeder verwendeten Zutat aus ihrer Bar können Phillip und Daniel dir interessante Geschichten erzählen. Für den kleinen Hunger bieten die Beiden hier sogar Holsteiner Flammkuchen an! Den wunderschönen Sonnenuntergang über den Dächern Kiels gibt es gratis dazu. In der lockeren und gemütlichen Atmosphäre der Astor Bar kommt es schon mal vor, dass ich die Zeit vergesse und im Sommer die Sonne sogar wieder aufgehen sehe.

Daniel und Phillip (v. li.) veranstalten auch Hobbymixer-Kurse, Cognac-Tastings oder Cocktailcaterings

Brunswiker Str. 24
24105 Kiel
(0431) 58 78 09 78
www.banmaai.de

Banmaai

Ein Stück Bangkok in Kiel

„Banmaai" – das thailändische Wort für „Holzhaus" – passt perfekt zum gleichnamigen Restaurant in der Brunswiker Straße. Die Wände und Decken sind mit Weidenstöcken verkleidet, die ein gemütliches Ambiente und eine angenehme Akustik schaffen. Die beruhigenden Farben und das wohlige Licht lösen in mir sofort ein Gefühl von Kurzurlaub aus. Inhaber Amrinder und Parminder Bhinder bieten vielfältige und vor allem authentische Thaigerichte an. Viel Wert legen die beiden Brüder dabei auf eine leichte Küche nach landestypischen Rezepten mit frischen Zutaten und knackigem Gemüse. Aufgrund des offen gestalteten Küchenbereichs kann man den Köchen bei der Zubereitung der Speisen zuschauen. Unbedingt probieren solltest du die pikanten Curries genauso wie die Tom Ka Suppe und Wokgerichte. Die gut sortierte Bar bietet dazu leckere Cocktails, ausgesuchte Weine und andere Erfrischungen an.

Auf einer Thailand-Reise ließen sich Amrinder und Parminder (v. li.) von der thailändischen Küche inspirieren

Sichere dir rechtzeitig einen Tisch telefonisch oder unter reservierung@banmaai.de!

Holtenauer Str. 162
24105 Kiel
(0431) 90 88 25 52

Boulangerie Française

Leben wie Gott in Frankreich

Schon die Holzfassade von Philines Boulangerie Française in der Holtenauer Straße strahlt Gemütlichkeit aus. Der Holztresen, funkelnde Kronleuchter, die hölzerne Flügeltür, der Baldachin über der Theke und vor allem der Duft von frisch gebackenen Croissants lassen mich gedanklich nach Paris reisen. Schon seit 2014 bietet Philine Busche in einem alten Renault Estafette immer montags und donnerstags auf dem Blücherplatz in Kiel und samstags auf dem Wandsbeker Marktplatz in Hamburg ihr Feingebäck an. Das eigene Café mit angeschlossener Brasserie war ein langgehegter Traum. Für die authentische Einrichtung und Speisekarte ließ sie sich auf Frankreichreisen inspirieren. Philines Lebensmotto – das Leben in vollen Zügen genießen – spürst du bei jedem Besuch, denn hier wirst du kulinarisch verwöhnt. Ich liebe das Baguette, die süßen Rosinenschnecken, Tartes und Törtchen, ob auf die Hand oder zu einem Frühstück. Auch die hochwertige Mittags- und Abendkarte kann ich dir empfehlen. Ob Entrecôte Cafè de Paris, Dorschfilet gebraten oder Crème Brulée – Koch Antonio zaubert vorzügliche Speisen. So lässt es sich auch mitten in Kiel leben wie Gott in Frankeich!

Philine hat mit ihrer Boulangerie Française
französisches Lebensgefühl nach Kiel gebracht

Kleinflecken 27
24534 Neumünster
(04321) 334 36 18
www.cafeamklein-
flecken.de

Café am Kleinflecken

Tortenträume zum Verlieben

Ich liebe romantische Shabby-Chic-Möbel, süße Leckereien und guten Cappuccino. Das Café am Kleinflecken vereint all das und gehört deshalb auch zu meinen Lieblingsorten in Neumünster. Beim Betreten der hellen Räumlichkeiten im Vintage-Look fühle ich auf Anhieb Behaglichkeit. Die kleinen Milchkännchen und süßen Zuckerdosen auf den weißen Tischen haben es mir besonders angetan. Seit April 2013 lebt sich Inhaberin Jasminka Hukic sowohl in der Küche als auch beim Dekorieren ihres Cafés kreativ aus. Ob niedliche Blümchen-Spitzenvorhänge über der Tür, Spitzenbordüren an den Regalen oder verschnörkelte Bilderrahmen – in jeder noch so kleinen Ecke erkennt man die Handschrift der herzlichen Kroatin. Die selbstgebackenen Kuchen und Torten sehen himmlisch aus und schmecken auch so. Du bekommst hier neben dem herzhaften Mittagstisch auch ein reichhaltiges Frühstück mit ofenfrischen Croissants, hausgemachter Marmelade, Wallnussbrot oder verschiedenen Pfannkuchen. Serviert auf dem verspielten Geschirr ein Augenschmaus!

Alle Möbel und Dekorationen kannst du nebenan in Jasminkas Wohn-Geschäft kaufen.

Schülperbaum 2
24103 Kiel
(0431) 364 49 36
www.derheimatha-
fen.net

Der Heimat-hafen

Mit Leidenschaft für nachhaltigen Genuss

Der Heimathafen steht neben ausgesuchten Bio-Weinen auch für Craftbeer und originelle Upcycling-Produkte. Die Einrichtung des Ladens ist genauso bunt und vielseitig wie seine beiden sympathischen Inhaber Sabine und Andreas Zwanck. Es ist gemütlich, es ist anders. Abgenutzt wirkende Kommoden und Vintage-Stühle verleihen den Räumlichkeiten eine charmante Note. An den Wänden beeindrucken mich die Wohnaccessoires aus ungewöhnlichen Materialien, wie zum Beispiel ein zur Garderobe umfunktionierter Fahrradsattel oder Schalen aus alten Schalplatten, immer wieder aufs Neue. Verschiedenste Lampen baumeln an einer Leiter, der Boden besteht aus Fliesen, Parkett und Teppich gleichzeitig. Aus alt mach neu ist hier das Motto, das zum Umdenken anregt. Sabine und Andreas verkaufen nur Bio-Wein- und Craftbeer-Sorten, die sie selbst gerne mögen, einige sind sogar vegan. Zu jedem Produkt haben sie eine spannende Geschichte und kulinarische Leckereien auf Lager. So viele gute Ideen und so viel Leidenschaft für nachhaltigen Genuss sind wirklich beeindruckend!

Andreas und Sabine sind seit mehr als acht Jahren im Bio-Wein-Geschäft

Kleiner Kuhberg 12
24103 Kiel
(0431) 98 28 99 63
www.sombrero-kiel.de

El Sombrero Verde

Gesund, frisch und leicht

El Sombrero Verde ist der erste Mexikaner in Kiel, der ausschließlich vegetarische und vegane Speisen anbietet. Die Räumlichkeiten wurden von den Inhabern Mathias Martens und Max Frentz richtig gemütlich gestaltet. An der Wand wacht ein Sugar Skull – ein typisches Symbol für den „Dia de los Muertos", der wichtigste Feiertag Mexikos. Hinzu kommen weitere kleine Details, die dich gedanklich nach Mittelamerika reisen lassen. Am Nachmittag warten auf dich köstliche vegane Kuchen oder Cupcakes, die mit viel Liebe gebacken werden. Die Küche ist Max' Reich. Er kombiniert die traditionellen südmexikanischen Rezepte, bei denen Avocado, Bohnen und Chilis nicht fehlen dürfen, mit der Tex-Mex-Küche. Dabei ist das Team immer offen für Inspiration aus anderen Ländern. Auch wenn ich keine Veganerin bin, liebe ich seine mit Süßkartoffeln, Gemüse und Bohnenmus gefüllten Enchiladas und die selbstgemachte Guacamole. Alle Gerichte werden sowohl mit frischen als auch besonderen Zutaten zubereitet. Leicht und gesund – das mag ich! Neben Kaffee und Kuchen, dem Mittagstisch und der Abendkarte gibt es auch (vegane) Cocktails.

Mathias' und Max' (v. li.) größter Traum ist eine Reise nach Mexiko

Täglich bis 15 Uhr gibt es hier ein leckeres veganes Frühstück!

Kiellinie 61a
(Reventlouwiese)
24105 Kiel
0160/97 02 43 50
www.myfischbar.de

Fischbar

Faire Fischbrötchen und Meer

Als bekennenden Fischbrötchen-Fan triffst du mich im Sommer ganz bestimmt in der Fischbar direkt am Förde-Ufer. Der schicke Imbiss mit seiner dunklen Treibholzverkleidung und den rustikalen Möbeln ist kaum zu übersehen. In der Kombüse werden von der immer gut gelaunten Crew seit 2012 regionale und nachhaltige Köstlichkeiten mit hoher Qualität sowie viel Liebe handgemacht. Steuermann Philipp, Kapitän Daniel und Leichtmatrose Julius wissen genau, woher der Fisch, wie geräucherter Lachs, echter Matjes oder Rollmops, stammt. Zu jeder Sorte gibt es individuelle Brötchen und selbstgemachte Saucen. Ich schwöre ja auch auf die dicken Pommes mit Remoulade und frischen Frühlingszwiebeln. Beim Schlemmen im Strandkorb ist der Blick auf die Förde, die Segelschiffe, Kreuzfahrer und großen Pötte einfach unbezahlbar! Die drei Seebären bieten übrigens auch innovative Leckereien von anderen Kielern, wie das Packeis aus Schilksee oder Craft-Beer von Lille Bräu, an. Sogar schnieke Hafenmeister-Armbänder aus Segeltau gibt es hier. Ich fühle mich an Bord der Fischbar so richtig zu Hause und genieße es umso mehr, da zu leben, wo andere Urlaub machen!

Leichtmatrose Julius und Kapitän Daniel (v. li.) bescheren dir mit ihren handgemachten Fischbrötchen unvergessliche Glücksmomente

An der Halle 400 #1
24143 Kiel
(0431) 20 07 66 10
www.foodio.de

Foodio

Die Event- und Showküche im Norden

Das Foodio des Medienhauses falkemedia ist Schleswig-Holsteins größtes, top ausgestattetes Foto- und Kochstudio. In der Halle 400 gelegen und mit Blick auf die Förde ist es die perfekte Location zum Mieten für private Kochkurse, Veranstaltungen und Feiern aller Art. Ich verbinde damit so einige unvergessliche Abende. Bei einem spannenden Craft-Beer-Tasting habe ich meinen Geschmackshorizont in Sachen Bier erweitert, beim ersten Förde-Fräulein-Blogger-Event in weihnachtlicher Stimmung Plätzchen gebacken, mit meinen Arbeitskollegen aus dem Verlag das Menü für unsere Weihnachtsfeier mithilfe von Profi-Köchen zubereitet und anschließend gebürtig gefeiert. Auch bei professionellen Food-Aufnahmen für die Backzeitschrift „Sweet Paul" oder Produktionen für bekannte Marken wie Bosch, Bertolli oder Dr.Oetker spiele ich gerne Mäuschen. Dabei bin ich immer fasziniert von dem großzügigen Kochbereich, programmierbaren Backöfen, Hightech-Induktionsherden und allen erdenklichen Küchengeräten, von denen ich selbst nur träumen kann. Die Backsteinwände, rustikales Holzdesign, die langen Tafeln und viele nostalgische Details verleihen dem stylischen Raum mit Loft-Charakter aber dennoch Gemütlichkeit.

Steinwehr 20
24796 Bovenau
(04357) 241
www.himbeerhof.de

Himbeerhof Steinwehr

Ein romantisches Obstschlaraffenland

Der Himbeerhof Steinwehr ist nur 25 Minuten von Kiel entfernt und auch mit dem Fahrrad gut zu erreichen. Idyllisch am Nord-Ostsee-Kanal gelegen, versprüht das 250 Jahre alte Gut einen ganz besonderen Charme. Ein imposantes, weißes Herrenhaus, alte Scheunen, reetgedeckte Häuschen, romantische Pferdekutschen, weitläufige Wiesen und Koppeln lassen mich von vergangenen Zeiten träumen. Auf den unzähligen Obstplantagen kannst du köstliche, aromatische Beeren aller Art selbst pflücken oder auch in prall gefüllten Körben mitnehmen. Dabei landet auch schon mal eine Erdbeere direkt im Mund. Das Garten-Café auf der saftig grünen Wiese bietet leckere Kuchen und Waffeln mit den frisch geernteten Früchten an. Im Hofladen werden zusätzlich selbstgemachte regionale Produkte verkauft: von Wurst, Käse und selbstgebackenem Brot bis hin zu Kartoffeln und Kohlrabi. Ich genieße an diesem Ort am liebsten die Ruhe mitten in der Natur. Fernab vom Stadtgetümmel kann ich den Alltagsstress hier für einen Moment hinter mir lassen.

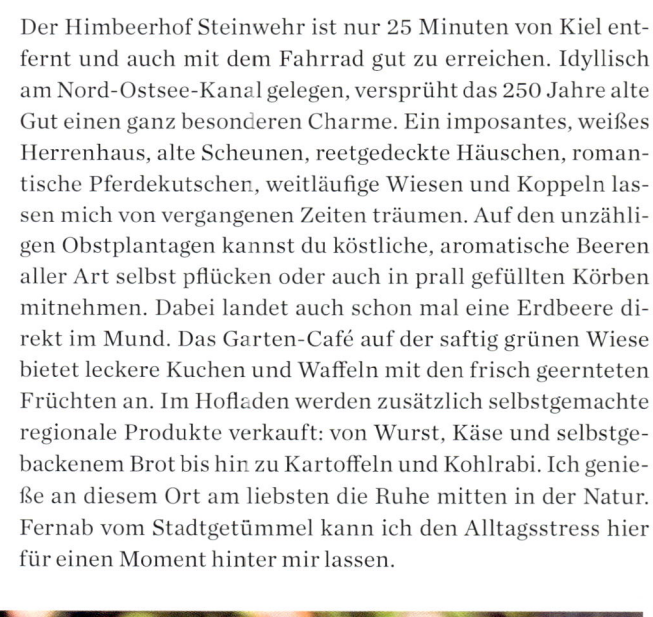

Küterstr. 7–9
24103 Kiel
(0431) 64 08 41 01
www.impuls-kaffee-
manufaktur.de

impuls Kaffee-manufaktur

Die Kunst des Kaffeeröstens

Wo liegt der Unterschied zwischen industriell hergestelltem Kaffee und selbstgerösteten Bohnen? Schmecken und erleben kannst du ihn in der impuls Kaffeemanufaktur. Ich liebe den Duft von frisch geröstetem Kaffee, der hier in der Luft liegt. In den hellen Räumlichkeiten im puristischen Industriestil geht Inhaber Rainer Burkhardt seiner Leidenschaft nach: der Rösterei. Neben rustikalen Säcken gefüllt mit Kaffeebohnen der weltweit besten Farmer und Kooperativen steht seine imposante Röstmaschine. Rainers Filterkaffee und Espresso wurde sogar schon von der Deutschen Röstgilde ausgezeichnet. Seine Spezialitäten kannst du dir neben verschiedenen Bio-Tee- und Kakaosorten auch für Zuhause mitnehmen. Faszinierend finde ich den gigantischen Holzfilter, der kalt extrahierten Kaffee liefert. Vor allem im Sommer ist der Cold Brew Coffee sehr erfrischend. Probiere ihn doch mal ohne Milch und Zucker, denn so wirst du das pure Aroma so richtig herausschmecken. In der gemütlichen Kaffeelounge kannst du dazu ganz in Ruhe köstliche und teilweise auch vegane Snacks wie üppig belegte Brötchen, selbstgebackene Kuchen oder andere süße Leckereien genießen.

Rainer folgte einem Impuls und erfüllte sich den Traum seiner eigenen Kaffeerösterei

Niemannsweg 102
24105 Kiel
(0431) 881 10
www.kieler-
kaufmann.de

Kieler Kaufmann

Stilvoll und leger genießen

„Spießig war gestern", dachte ich überrascht, als ich im Früh-jahr 2016 den Kieler Kaufmann besuchte. Natürlich ist die ehemalige Bankiersvilla mit dem wunderschönen, mit Efeu behangenen Hauptgebäude oberhalb der Innenförde noch immer eine exklusive, stilvolle Adresse in Kiel. Doch dank einer liebevollen Renovierung hat das Romantik Hotel nicht nur weitere, traumhafte Zimmer und Veranstaltungsräume, sondern mit zwei charmanten Restaurants auch ein neues Gastronomiekonzept dazugewonnen. Kochkünstler Mathias Apelt bereitet in der Küche des „Ahlmanns" unglaublich leckere, kreative Gerichte mit bekannten Zutaten und dem gewissen Etwas zu. Ein unvergesslicher Genuss! Ich liebe die edlen Räumlichkeiten, die mit ihren historischen Gemälden Geschichten erzählen. Wenn du es lockerer magst, schaue im „Kaufmannsladen" vorbei. Auf der Karte des lichtdurchfluteten und mit einer Prise Nostalgie gestaltet Restaurants stehen herzhafte Steak- und Burger-Gerichte, zubereitet mit den besten Produkten aus der Region. Diese kannst du auch auf der Terrasse mit Blick auf die Förde genießen. Modern, stilvoll, aber dennoch leger – so ist der neue Kieler Kaufmann für mich.

Lass den Abend nach einem leckeren Essen doch mal in der gemütlichen Bar „Soll & Haben" ausklingen!

Scharnhorststr. 2/
Blücherplatz
24105 Kiel
(0431) 53 02 36 13
www.kueche-ahoi.de

Küche Ahoi

Der Blick über den Tellerrand

Die besten Partys finden in der Küche statt! In Kiel kannst du das in der Küche Ahoi erleben. Seit Februar 2015 lädt die Event-Küche direkt am Blücherplatz zu kreativen Kochkursen und Workshops ein. Die lockere Stimmung, das gemütliche Ambiente und die Leidenschaft für gutes Essen haben mich dort von Anfang an begeistert. Inhaberin Silvia Janzen hat einen Ort geschaffen, an dem sich Menschen vernetzen können. Kommunikation ohne Grenzen bei veganen und vegetarischen Speisen mit heimischen Bio-Produkten lautet das Motto. Das Kursprogramm ist genauso vielseitig wie die Menschen, die hier zusammenkommen. Von „Vegan für Anfänger" über „Workout-Fitness-Challenge" und „Tapas" bis hin zu „Craft-Beer-Tastings" und „Gin-Workshops" – Profis oder ambitionierte Hobbyköche zeigen dir, wie es geht. Neben den Kursen kannst du die Küche auch für Weihnachtsfeiern, Firmenevents oder Junggesellenabschiede mieten. Zusammen schnibbeln, brutzeln, kochen und danach gemeinsam essen macht Spaß und ist mal was anderes.

In der **Küche** finden immer die besten **Partys** statt!

Tiessenkai 9–10
24159 Holtenau
(0431) 908 96 76
www.schiffercafe-
kiel.de

Schiffercafé

Ein Ort von Heimat und Fernweh

Das Schiffercafé in Holtenau liegt direkt am Tiessenkai, wo sich Kieler Förde und Schleuse zum Nord-Ostsee-Kanal treffen. Dreimaster und große Pötte fahren in gefühlter Armlänge am Kai vorbei. Bei dem Anblick gerate ich immer ins Träumen von der großen Weite – für mich ein Ort von Heimat und Fernweh. Ich liebe die gemütliche, maritime Atmosphäre mit nostalgischem Charakter. Ein großes, dunkelgrünes Wandregal stammt noch von Schiffsausrüster Hermann Tiessen. In den kleinen Fächern gibt es unendlich viele Schätze zu entdecken: Kaffeedosen, Holzfiguren, alte Radios und Buddelschiffe. An der Decke baumeln überall Petroleumlampen, Taue, Haken. So stelle ich mir einen Tante-Emma-Laden für Seebären aus vergangenen Zeiten vor. Seit 2009 werden hier vor allem regionale Fischspezialitäten angeboten. Inhaber Alexander Stieler legt dabei viel Wert auf frische Zutaten. Der Fisch kommt direkt aus der Ostsee über die Kaimauer in die Küche. Fast alle Produkte stammen aus einem 25-Kilometer-Radius rund um Holtenau. Jeden Sonntag lädt das Schiffercafé übrigens zum traditionellen Tangoabend ein!

Nordlicht Alexander hat nach Reisen durch die ganze Welt seinen Anker wieder in Kiel gelegt

61

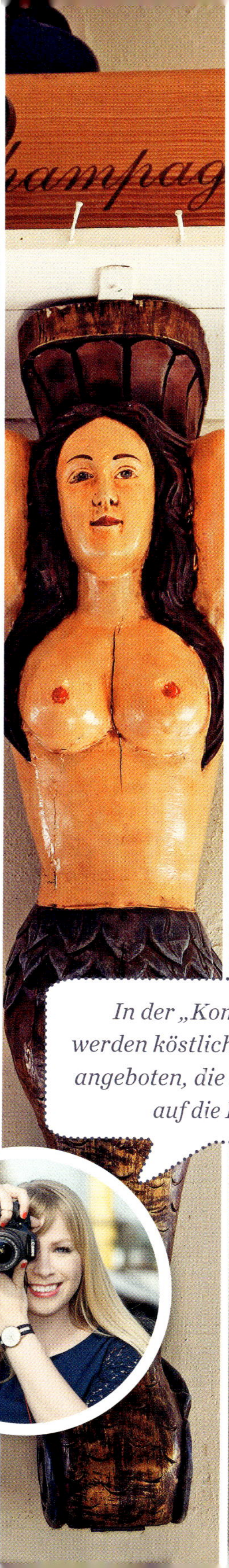

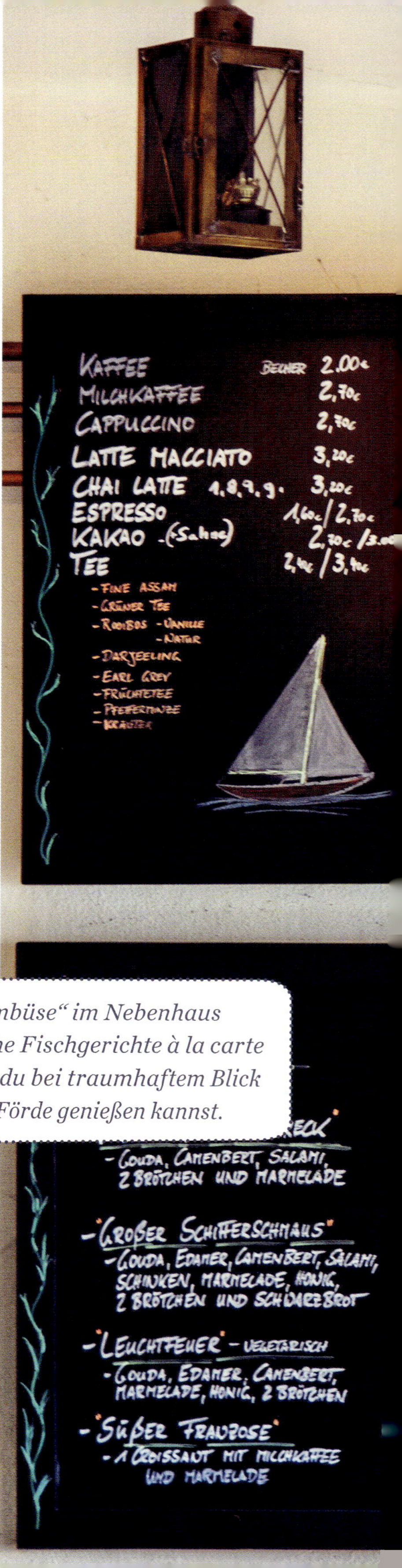

Kaffee   Becher 2,00€
Milchkaffee   2,70€
Cappuccino   2,70€
Latte Macciato   3,20€
Chai Latte 1,8,9,9.   3,20€
Espresso   1,6c / 2,70€
Kakao (+Sahne)   2,70c /3,0
Tee   2,4c / 3,4c
 - Fine Assam
 - Grüner Tee
 - Rooibos - Vanille
          - Natur
 - Darjeeling
 - Earl Grey
 - Früchtetee
 - Pfefferminze
 - Kräuter

In der „Kombüse" im Nebenhaus werden köstliche Fischgerichte à la carte angeboten, die du bei traumhaftem Blick auf die Förde genießen kannst.

...RECK
 - Gouda, Camenbert, Salami,
   2 Brötchen und Marmelade

 - Großer Schifferschmaus
   Gouda, Edamer, Camenbert, Salami,
   Schinken, Marmelade, Honig,
   2 Brötchen und Schwarzbrot

 - Leuchtfeuer - vegetarisch
   Gouda, Edamer, Camenbert,
   Marmelade, Honig, 2 Brötchen

 - Süßer Franzose
   - 1 Croissant mit Milchkaffee
     und Marmelade

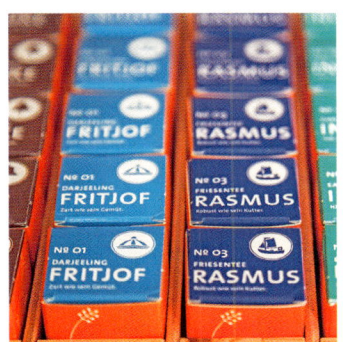

Feldstr. 1
24105 Kiel
(0431) 57 08 32 22
www.sonntagskind-
kiel.de

Sonntagskind

Genuss und schöne Dinge

Die niedlichen Blümchen auf den Holztischen und kuschelige Felle über den Stühlen vor dem Sonntagskind verzauberten mich schon im ersten Vorbeigehen. Seitdem bin ich fast schon süchtig nach meinem geliebten Schoko-Franzbrötchen und dem leckeren Cappuccino aus dem Café. Sigrun Neumann-Wolff bietet hier seit Mai 2016 selbstgebackene Käsekuchenträume, üppig belegte Brote, frische Backwaren vom Bäckermeister ihres Vertrauens sowie Kaffee-, Tee- und Kakaospezialitäten an. Nachhaltigkeit und regionale Produkte sind ihr dabei besonders wichtig. Der Kaffee stammt zum Beispiel aus einer Rösterei in Bad Bramstedt – zum Mitnehmen gibt es recycelbare Becher. Genießen kannst du Milchkaffee und Co. auch in der gemütlichen Lounge, die viel Platz zum Quatschen, Entspannen und sogar Shoppen bietet. In den großen Regalen mit Glühbirnenkette lachen dich nämlich Taschen aus alten Segeln, kunterbunte Lollis und witzige Geschenkideen wie Magnete aus recyceltem Korken an. Ob ein gemütliches Frühstück, ein Mittagssnack auf die Hand oder Kuchen am Nachmittag – das Sonntagskind ist den ganzen Tag für dich da und versüßt mir gerne den Morgen.

Preußer Str. 3
24340 Eckernförde
(04351) 889 16 19
www.diestrandkue-
che.de

Strandküche

Burgerträume mit Meerblick

Ein Besuch in der Strandküche in Eckernförde ist für mich wie ein Tag Urlaub am Mittelmeer. Nur ein paar Meter vom Strand entfernt kannst du auf der Sonnenterrasse im Sommer den Ausblick auf die Ostsee genießen. Auch die detailreiche, maritime Einrichtung des Restaurants gefällt mir sehr. Inhaber Martin Gronwald und sein Sohn Mike bieten hier seit 2013 neben selbstgebackenen Kuchen, Eis und Getränken warme Speisen an, die sie mit viel Liebe auswählen und nach eigenen Rezepturen herstellen. Ich bin begeistert von den leckeren Burgern und den knusprigen Süßkartoffelpommes. Ein erfrischender Traum dazu: die selbstgemachte Limetten-Mayo! Auf der Karte findest du auch Currywurst im Glas, Schnitzel und frischen Fisch. Natürlich stehen auch viele vegane Gerichte zur Auswahl. Du kannst hier den Tag außerdem mit einem leckeren Frühstück beginnen oder die Leckereien vom Sonntagsbüffet probieren. Übrigens können Meeresbräute und Küstenjungs hier in der familiären Atmosphäre sogar ihre Hochzeit oder Geburtstage feiern!

Der Kieler Martin hat bei der Einrichtung seiner Strandküche viel Wert auf maritime Details gelegt

Im Sommer finden in der Strandküche Live-Musik-Events , Wein-
abende und vieles mehr statt!

Dahlmannstr. 11
24103 Kiel
(0431) 918 65
www.werkstattcafe-
kiel.de

Werkstattcafé

Kuchen und Schmuck nach Geheimrezept

Im Werkstattcafé gibt es seit 35 Jahren die wohl beste Stachelbeertorte der Fördestadt. Schon in der dritten Generation besteht das Konzept von Familie Prill, ein Café mit Goldschmiede zu verbinden. Ich mag das stilvolle Ambiente am neuen Standort in der Dahlmannstraße sehr. Die blauen Fliesen an den Wänden verleihen den Räumlichkeiten friesisches Flair. Neben dem gemütlichen Café-Bereich findest du große Glasvitrinen, bestückt mit kostbaren Ringen, individuellen Ketten und anderen Unikaten. Ich kann mich gar nicht entscheiden, ob mir dir grazilen oder die opulenten Stücke besser gefallen. Besonders habe ich mich jedoch in den mit glitzernden Edelsteinen besetzten Feuerwerkring verliebt. Du kannst Sandra Prill in der offenen Werkstatt sogar beim Anfertigen der Schmuckstücke zuschauen oder bei einem leckeren Kaffee und köstlichem Frühstück entspannen, während zum Beispiel deine Trauringe angepasst werden. Für weitere Gaumenfreuden sorgt der Mittagstisch mit regionaler Küche. Ich liebe den knackigen Salat, zubereitet mit frischen Zutaten vom Wochenmarkt.

Einkaufscenter
Sophienhof (1. OG)
24103 Kiel
0175/601 59 64
www.eisbar-
sophienhof.de

Zantopps Eisbar

Eis, das glücklich macht

Im Sommer versorgt dich auch der EISBAR-Wagen in Möltenort mit Eis!

Jedes Mal, wenn ich mit leuchtenden Augen vor der verführerischen EISBAR der Nordischen Eismanufaktur stehe, kann ich mich nicht entscheiden. Soll es Karamell-Meersalz, der Dänische Erdbeertraum oder doch Schoko-Marshmallow sein? Am Ende landen dann meist alle drei Sorten in der frisch gebackenen Waffel. Handgemachtes Eis von Peter Zantopp schmeckt einfach himmlisch. Das liegt daran, dass er in seiner Kieler Manufaktur fast ausschließlich mit regionalen Produkten nach traditionellen, hausgemachten Rezepturen arbeitet. Dabei wird er tatkräftig von seiner Frau Irmgard und den drei Kindern unterstützt, mit denen er ausgefallene Sorten oder allseits beliebte Klassiker wie Vanille und Erdbeere kreiert. Die selbstgemachten Kompotte und rote Grütze von Irmgard zusammen mit Sahne und der duftenden Fjordwaffel lassen dich in den siebten Eishimmel schweben. An der Streusel-Bar kannst du deine Lieblingssorten noch nach belieben dekorieren und in der gemütlichen Sitzecke genießen. An diesem charmanten Ort vergesse ich beim Schlemmen sogar, dass ich mich inmitten eines Einkaufscenters befinde.

Irmgards und Peters Leidenschaft ist traditionelles Eis nach eigenen Rezepturen

DAS
LEBEN
IST
SCHÖN

Wohnen

Bahnhofstr. 49
24582 Bordesholm
(04322) 885 71 57
www.bwohnt-
homestyle.de

b!wohnt Homestyle

Individuelle Wohn(t)räume

Bei b!wohnt Homestyle verspüre ich beim Anblick der schönen Wohnaccessoires immer Glückseligkeit. Von Kiel aus brauchst du mit dem Zug gerade einmal zehn Minuten nach Bordesholm, wo der Laden mit abwechslungsreichen Dingen, die dein Zuhause viel gemütlicher machen, direkt am Bahnhof zu finden ist. Gegenüber der Eingangstür ist die Tapete in Birkenoptik ein richtiger Hingucker. Die gemütliche Couch mit den vielen verschiedenen Kuschelkissen und die ausgefallenen Holzlampen möchte ich am liebsten in meine Wohnung beamen. Du findest hier bunte Holzbuchstaben im Shabby-Look, kleine Möbelstücke, flauschige Wolldecken, ausgefallene Aufbewahrungsboxen und hübsche Windlichter – mal maritim, mal mediterran angehaucht. Hinzu kommen tolle Geschenkideen wie bedruckte Kerzen, Konfetti-Herzen, filigraner Schmuck oder zuckersüße Bonbons. Ich freue mich zudem über meine Lieblingstaschen von „Fritzi aus Preußen", sogar Schuhe des Labels gibt es hier! Das Besondere ist, dass Michaela dich auch ganz persönlich berät und deine vier Wände auf Wunsch individuell einrichtet. Oft sind es nur wenige neue Akzente, die Bewegung und Leben in Wohnräume bringen.

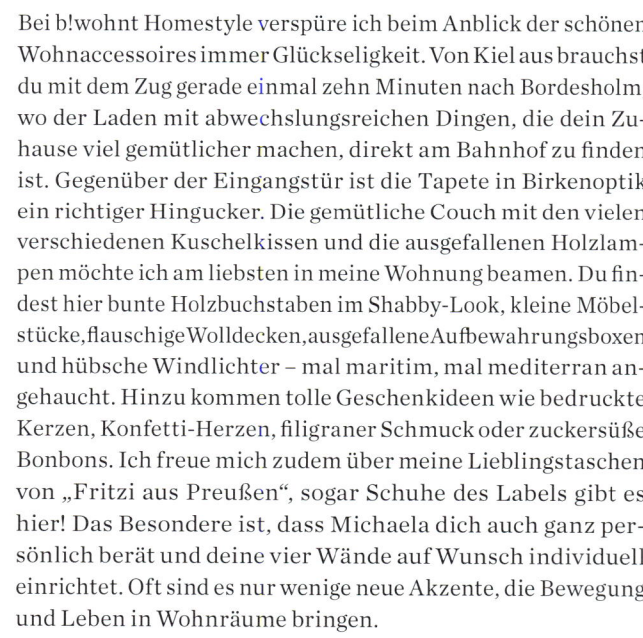

Michaela veranstaltet hier jeden ersten Dienstag im Monat Mädelsabende

Holtenauer Str. 12
24105 Kiel
(0431) 210 81 41
www.carpediem-die-
seifenoper.de

Carpe Diem

Ein duftendes Deko-Paradies

Bei Carpe Diem – Die Seifenoper in der Holtenauer Straße gibt es alles, was Frau gerne mag: geschmackvolle Deko, stilvolle Accessoires, niedliche Lampen und duftende Seifen. Wenn ich auf der Suche nach einem Geschenk bin, werde ich hier immer fündig. Aber auch ich selbst habe mich schon in einige Schätze verliebt. Am liebsten mag ich die süßen Badecupcakes und Lampenschirmchen. Inhaberin Brigitte Hansohm hat den Blick für die schönen Dinge, die sie liebevoll in den Regalen drapiert. Mit ihrer locker-lässigen Art gibt sie tolle Wohn- und Einrichtungstipps. In der Vorweihnachtszeit verwandelt sie ihr Geschäft jedes Jahr in ein Winterwunderland. Von schlichtem Design über romantisch-verspielt bis hin zu ausgefallenen Stücken – es ist für jeden Geschmack und Geldbeutel etwas dabei. Im Sortiment findest du übrigens auch Schmuck, edle Handtaschen und auffällige Gürtel. Wie der Ladenname dir schon ans Herz legt: Manchmal sollte man den Tag nutzen, um sein Heim zu verschönern oder sich selbst etwas Gutes zu tun!

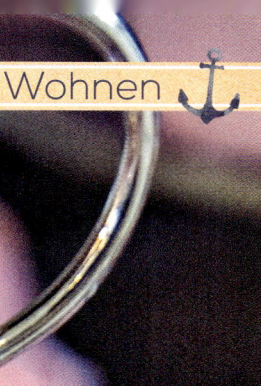

Rendsburger Str. 47
24794 Borgstedt
(04331) 325 56

EG Minerva

Leben wie eine Märchenprinzessin

In Borgstedt nordöstlich von Rendsburg befindet sich ein wahrlich märchenhafter Ort. Schon vor dem großen Bauernhaus von EG Minerva erstreckt sich ein imposanter Garten, der mich auf Anhieb mit seinen vielen detailverliebten Dekorationen, wunderschönen Blumen und verträumten Figuren verzaubert hat. Im ehemaligen Pferdestall bietet Elisabeth Greve ausgewählte Wohn- und Gartenaccessoires mit dem gewissen Etwas an. Du kannst dort noch alte Elemente wie Krippen und Pferdständer erkennen, die dem Raum mit den rustikalen Wänden einen ganz besonderen Charme verleihen. In den Anrichten im Vintage-Look gibt es allerlei Schönes zu entdecken. Verspielte Blumenvasen, mädchenhafte Kissenbezüge, zarter Schmuck, verzierte Servietten und andere Kleinigkeiten für ein gemütliches Zuhause. Hinter einer Glastür findest du in einem rosenverzierten Pavillon Elisabeths Waffelcafé. In dem verwinkelten Garten könnte ich mich stundenlang aufhalten und selbstgebackene Waffeln in den leckersten Variationen wie zum Beispiel Banane-Kokos schlemmen. Hier schlüpfe ich jedes Mal wieder in die Rolle einer Märchenprinzessin, die das Leben in vollen Zügen genießt.

Holtenauer Str. 172
24105 Kiel
(0431) 59 25 41 42
www.kandel-light.de

Kandel light

Ein Stück Meer für Zuhause

Salzige Meeresluft, eine frische Brise, warme Sonnenstrahlen, glitzerndes Wasser, Sand unter den Füßen, flatternde Segel im Wind – all das verbinde ich mit Urlaub am Meer. Dieses ganz besondere Gefühl kannst du dir auch nach Hause holen. Alles, was du dafür brauchst, gibt es im Wohn- und Deko-Geschäft KANDEL light. Die zauberhaften, maritimen Dinge im Schaufenster des Ladens machen bei jedem Bummel durch die Holtenauer Straße Lust auf me(e)hr! In den liebevoll gestalteten Räumlichkeiten findest du zudem rustikale Kleinmöbel, originelle Holzbilderrahmen, robuste Handtaschen, edle Keramik und kreatives Kunsthandwerk. Im hinteren Bereich befindet sich mein persönliches Einrichtungsparadies. Von Ankerkissen über Strandbilder und witzige Postkartenmotive bis hin zu Fischtassen und Matrosen-Mobile – ich bin verliebt in jedes einzelne Stück. Sie wecken in mir ein Gefühl von Heimat. Inhaberin Martina Kandels Liebe für den Norden und besondere Produkte ist hier deutlich spürbar. Wenn du ein Stück Meer zum verschenken suchst, wirst du bei ihr bestimmt fündig. Dabei verliebst du dich sicherlich auch in ein Lieblingsteil für deine eigene Wohnung!

Martina bietet in ihrem Laden
ausschließlich Dinge an, die ihr selbst gut gefallen

GETARIA 1991
43 18' 00" N

BATELA 1991 GETARIA

SAILING OCEANS

€ 1,40   € 1,40   € 1,40

€ 4,80   € 4,80   € 4,80

Eckernförder Str. 307
24119 Kronshagen
(0431) 240 42 78
www.klein-
loenneberga.de

Klein Lönneberga

Neues Leben für alte Schätze

Mit Klein Lönneberga hat Iris Ahrendsen ihr Hobby zum Beruf gemacht. In ihrem kleinen Laden in Kronshagen bietet sie genau die traumhaften Möbel im Vintage- und Shabby-Chic-Look an, die ich bereits in ihrem wunderschönen Zuhause bewundert habe. Die alten Schränke, Kommoden, Stühle oder Bänke haben Iris und ihr Mann Herwig zum Teil auf Reisen in Holland oder Frankreich ausgesucht. Die abgeplatzte Farbe, Kratzer und Schrammen sind dabei keine Schönheitsmakel, sondern erzählen Geschichten aus vergangenen Zeiten. Ich liebe die hellen Farben, die vielen nostalgischen Details in den Regalfächern, an den Wänden oder auf den Tischen. Alles passt perfekt zusammen und ist gekonnt arrangiert. Sogar die Seifen und Badezusätze harmonieren farblich mit den Möbelstücken. Holzkisten, Körbe, stilvolle Lampen, Kerzenhalter, kuschelige Wolldecken und weiche Kissen kannst du ebenfalls entdecken. Es ist so schön und gemütlich hier, dass ich am liebsten einziehen oder mich selbst so einrichten würde. Kein Wunder, dass Iris' Dekorationen schon in Wohnzeitschriften zu sehen waren!

Kieler Str. 74
24340 Eckernförde
www.nanasdekowelt.de

Nana's Dekowelt

Tausendundeine Wohninspiration

Nach einem entspannten Strandbesuch habe ich in der Einkaufsstraße von Eckernförde beim Bummeln Nana's Dekowelt entdeckt. Mein erster Gedanke beim Betreten des zauberhaften Ladens: „Ach, ist das schön hier!" Wenn du auch so gerne nach neuen Wohnaccessoires, niedlichen Lämpchen und hübschen Vasen im skandinavischen Look Ausschau hältst, dann ist hier genau der richtige Ort für dich. Die romantisch-verträumten Produkte von Clayre & Eef wie Kissen, Tagesdecken oder Porzellan haben es mir angetan. Die Halstücher mit Ankermotiv eroberten mein Küstendeern-Herz ebenfalls im Sturm. Ich freue mich zudem über kunterbunte Türknäufe und funkelnden Schmuck mit einer Prise Nostalgie. Bei Nana – das ist der Spitzname von Inhaberin Tatjana Wiborg – kannst du täglich Neues entdecken. Schon seit 12 Jahren geben sie und ihr Mann André anderen Menschen Inspirationen und Wohnideen für ein schönes Zuhause. Beim Stöbern zwischen ihren liebevoll arrangierten Dekorationen fällt es mir nie leicht, mich zu entscheiden. Zum Glück muss ich das aufgrund der günstigen Preise auch gar nicht!

Mit ihrem kreativen Händchen verzaubert Tatjana ihre Kunden immer wieder aufs Neue

Königstr. 7
24768 Rendsburg
(04331) 870 81 95
www.queens-rends-
burg.de

Queen's

Ein königlicher Vintage-Traum

Das Queen's fügt sich namentlich perfekt in die Königstraße im historischen Stadtteil Neuwerk in Rendsburg ein. In dem schönen Laden komme ich mir zwischen Shabby-Chic und Deko im Vintage-Stil wie eine Prinzessin vor. Die Pastelltöne, die romantischen Accessoires und die liebevollen Details lassen mein Mädchenherz höher schlagen. Das Geschäft im French-Nordic-Stil von Angela Schulz ist einzigartig in Rendsburg. Sie arbeitet nur mit ausgesuchten Lieferanten aus Dänemark, Holland und Frankreich zusammen. Ich staune immer wieder über das hübsche Geschirr und die Küchenutensilien in zuckersüßen Bonbonfarben, die ich am liebsten alle mit nach Hause nehmen möchte. Sogar Vintage-Farbe zum selbst Kreativwerden gibt es hier. Du kannst dich übrigens auch von Zuhause aus inspirieren lassen, denn Angelas Tochter Julia ist für den Online-Shop www.queens-shop.de zuständig. Das herzliche Mutter-Tochter-Gespann teilt die Liebe für die schönen Dinge und hat für dich immer wunderschöne Einrichtungs-Tipps parat. Der familiäre Charakter verleiht diesem Ort eine ganz besonders charmante Note.

Angela und Julia (v. li.) sind immer auf der Suche nach neuen Wohntrends

Lange Str. 34
24306 Plön
(04522) 746 66 99
www.sl-designkon-
zept.de

Schöner Leben

Lebensfreude, Individualität und Kreativität

Bei S|L Designkonzept – Schöner Leben in der historischen Altstadt von Plön findest du wunderschöne Wohnaccessoires im skandinavischen Stil, kleine Möbelstücke und originelle Deko-Ideen. Allein das Schaufenster und die Außenfassade versprechen schon, dass dort allerlei Inspiration für ein gemütliches Zuhause wartet. In ihrem Geschäft teilt Inga Salopiata nur zu gerne ihre Leidenschaft für die schönen Dinge des Lebens. In den hellen Räumlichkeiten kann ich mich nie entscheiden, was ich mir zuerst anschauen möchte. Hier entdecke ich immer etwas, das ich sonst nirgends finde, wie zum Beispiel die wunderschönen Windlichter, kuschelige Kissen mit besonderen Bezügen oder dekorative Küchenaccessoires. Beim Stöbern verspüre ich jedes Mal den Wunsch, meine Wohnung umzudekorieren. Besonders gut gefallen mir die unterschiedlichen Stilrichtungen von verspielt-romantisch bis zu puristisch-schlicht. Sogar eine Auswahl an leckeren Feinkostprodukten wartet auf dich. Wohlfühlen, zur Ruhe kommen, die Zeit vergessen – das kannst du hier wunderbar!

In Ingas Online-Shop www.sl-designkonzept.de kannst du rund um die Uhr nach schönen Dingen Ausschau halten!

Inga war 20 Jahre lang als Sortimentsmanagerin und Trendscout in der ganzen Welt unterwegs

Lütjenburger Str. 10
23738 Lensahn
(04363) 90 44 46
www.shabby-sisters.de

Shabby-Sisters

Mit Farbe zum neuen Glück

Der bezaubernde Laden Shabby-Sisters in Lensahn, nicht weit von der Ostseeküste entfernt, ist ein ganz besonderer Ort für alle Shabby-Liebhaber. Sandra Schultze bietet hier neben feiner dänischer Mode als eine von wenigen Händlerinnen in Schleswig-Holstein die Annie Sloan Farbe sowie Chalk-Paint™-Workshops an. Mit den wunderschönen Tönen auf Kreide-Basis kannst du quasi alles anmalen, was du aufpeppen möchtest. Ob Holz, Beton, Glas – aus alt mach neu lautet das Motto. Das Besondere: Es ist kein Abschleifen nötig. Du kannst sofort loslegen. Wenn du zuvor noch Inspiration brauchst, empfehle ich dir die Teilnahme an einem Workshop im nostalgischen Ambiente des Ladens. Sandra und Kursleiterin Annette Hardes verraten dir dabei wunderbare Tipps, die dein nächstes DIY-Projekt in jedem Fall gelingen lassen. Nach einem Besuch bei den Beiden wirst du vor Ideen nur so sprühen und die Kommode aus Omas Zeiten vielleicht doch nicht in den Keller stellen wollen. Du kannst die Farben übrigens auch in ihrem Online-Shop www.shabby-sisters.de bestellen!

**Mit ihrer Leidenschaft für Shabby-Chic haben mich
Annette und Sandra (v. li.) auf Anhieb angesteckt**

aith, Hope, Lo

THE GREATEST
OF THESE IS LOV

Auch in Lübeck im
Hansering 39c bieten die
Shabby-Sisters Farbe
und Workshops an!

TO BE

Mode

Kehdenstr. 5
24103 Kiel
(0431) 99 04 83 15
www.blutsgeschwis-
ter.de

Bluts-
geschwister

Stoffe wie aus dem Garten Eden

Schon von außen fällt das Goldkielchen ins Auge: Kreuz, Herz und Anker in Rot – Symbole der Seefahrt für Glaube, Liebe, Hoffnung – zieren das Schaufenster des Blutsgeschwister-Flagschiffladens in Kiel. Sobald ich das Modegeschäft betrete, gehe ich auf eine Reise in unbeschwerte Welten. Das liegt vor allem an der traumhaften Einrichtung und Dekoration: romantische Blümchentapeten, nostalgische Möbelstücke und karierte Wände, die wie eine ausgebreitete Picknickdecke wirken. In einem an der Decke baumelnden Vogelkäfig begrüßen mich kleine Goldkielchen, die dem Store seinen Namen verleihen. Die außergewöhnlichen Kleidungsstücke von Blutsgeschwister erzählen dabei märchenhafte Geschichten. Ich liebe die leuchtenden Farben und femininen Schnitte des Labels, das schon 2001 in Stuttgart gegründet wurde. Als großer Fan von verspielten Kleidern und schwingenden Röcken werde ich hier immer fündig. Ich finde es zudem toll, dass viel Wert auf Nachhaltigkeit bei der Produktion und eine anspruchsvolle Qualität gelegt wird.

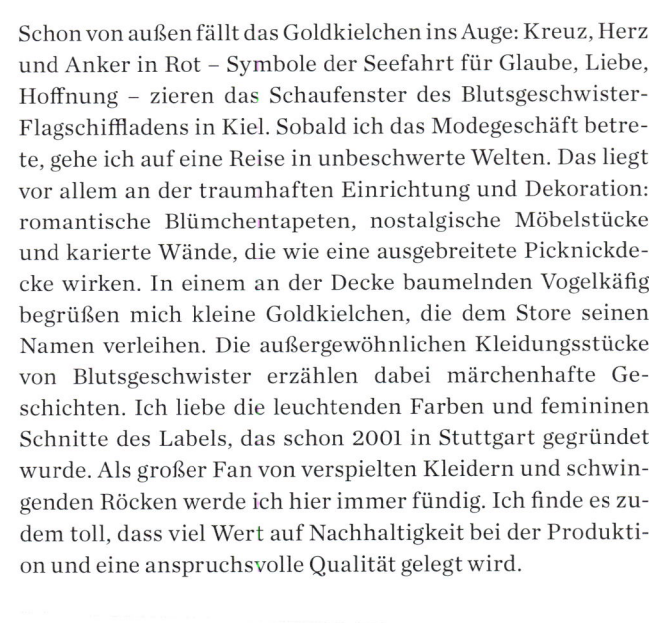

**Verena Nagel und Store-Managerin Silja Dietschmann (v. li.)
hüllen sich selbst am liebsten in Blutsgeschwister-Mode**

Lass dich auch im Online-Shop verführen unter www.blutsgeschwister.de!

109

Wilhelminenstr. 27
24103 Kiel
(0431) 696 75 15
www.frau-beta.de

Frau Beta

Buntes aus dem Nähkästchen

Seit 2003 gehört der kleine Modeladen Frau Beta zu Kiels zauberhaftesten Adressen. In intimer und lockerer Atmosphäre kannst du dort so richtig Mädchen sein, durch die farbenfrohen sowie verspielten Kleidungsstücke stöbern und in der romantisch gestalteten Ankleide mit Vogeltapete hineinschlüpfen. Dabei hörst du vielleicht das Rattern einer Nähmaschine, denn hier werkeln gelernte Schneiderinnen. Mit viel Liebe stellen sie in der offenen Nähwerkstatt ihre Eigenkreationen her. Dabei entstehen unter Inhaberin Tania Bernotats Label „Frau Beta" wunderschöne Röcke, kuschelige Kapuzenpullis oder gemütliche Pumphosen für Modeliebhaber. Auch für die Kleinen gibt es niedliche Pendants von „Kleine Beta". Lina Nagel erweitert das Sortiment der Damenmode um ihre Designs von „el.nana". Neben den handgefertigten Herzstücken findest du hochwertige Streetwear-Labels, bei deren Auswahl das eingeschworene Duo viel Wert auf Nachhaltigkeit legt. Zu jedem detailverliebten Kleid, schlichtem Shirt oder lässigem Outfit gibt es hier maritimen oder nostalgischen Schmuck, ausgefallene Accessoires, schicke Handtaschen oder sportliche Rucksäcke.

Tania und Lina (v. li.) entwerfen mit einer großen Portion Liebe ihre eigenen Designs direkt im Laden

111

Schau doch mal unter www.frau-beta.de vorbei, und entdecke neue Lieblingsteile der Frau-Beta-Marken!

Beim Stöbern triffst du vielleicht auch auf Tanias flauschigen Hund „Socke"

Holtenauer Str. 176
24105 Kiel
(0431) 88 86 66 44
www.frauherzog.de

frauherzog

Der Mädchenladen für die Seele

Jörg und Susanne legen viel Wert darauf, dass es in ihren
Läden so gemütlich ist wie bei ihnen Zuhause

Die zauberhaft dekorierten Schaufenster des kleinen Mode-
ladens frauherzog ziehen mich bei jedem Bummel durch die
Holtenauer Straße magisch an. Der Blick durch die Scheibe
verrät, dass es hier allerlei Schönes und Besonderes zu entdecken gibt. Ein Kronleuchter baumelt von der Decke, in der
Ecke steht ein Radio aus Großmutters Zeiten. Nostalgisches
Flair trifft nordische Gemütlichkeit. Ich schaue gerne auf einen Schnack mit Inhaberin Susanne Herzog vorbei, die jedes
Teil in ihrem Laden selbst gerne mag. Man spürt, dass sie die
hübsche Mode und niedlichen Kleinigkeiten mit viel Liebe
ausgewählt und zusammengestellt hat. In ihrem vielseitigen
Sortiment entdecke ich beim Stöbern in der familiären Atmosphäre immer Neues. Der verspielte Schmuck und die
maritimen Accessoires haben es mir besonders angetan.
Zwischen den wunderbaren Sachen und den dicken Bonbon-
gläsern gefüllt mit Leckereien aus meiner Kindheit fühle ich
mich jedes Mal wie Pippi Langstrumpf im Süßigkeiten-Laden
meiner Träume. Übrigens: Den Mädchenladen für die Seele
gibt es nicht nur einmal. Schau doch auch mal bei „frauherzog klamotte&kaffee" in Fockbek vorbei!

115

Du kannst sogar außerhalb der Öffnungszeiten bei einem lustigen Mädelsabend in Ruhe stöbern. Vereinbare dafür einfach einen Termin!

Holtenauer Str. 55
24105 Kiel
(0431) 55 51 62
www.jojo-mode.de

JoJo Mode

Besonders anziehend

Bei einem Spaziergang durch die Holtenauer Straße zieht es mich immer wieder in den Modeladen JoJo. Als passionierte Rucksack- und Taschensammlerin werde ich hier nämlich bei meinen Lieblingslabels „Fritzi aus Preußen" und „Suri Frey" immer fündig. Ich mag aber auch die stilvollen Kleidungsstücke und Accessoires, bei deren Auswahl Inhaberin Simone Delz zunehmend auf eine zertifiziert nachhaltige Produktion achtet. Wenn du das Besondere liebst und nicht so gerne Mainstream-Labels trägst, dann schau hier unbedingt mal vorbei. Es warten interessante Marken aus Deutschland, Frankreich, Italien, den Niederlanden oder Irland auf dich. Von hellen, pastelligen Farben bis hin zu knalligen, ausgefallenen Outfits werden hier verschiedene Stilrichtungen gemixt. Das Kombinieren dieser macht mir besonders viel Spaß! An den Gürteln mit auswechselbaren Schnallen, dem hübschen Schmuck und den schönen Halstüchern kann ich dabei nur ganz schwer vorbeigehen. Die langjährigen Mitarbeiterinnen von JoJo beraten dich mit so viel Herzblut und Begeisterung für Mode, dass du dich in der netten Atmosphäre bestimmt etwas länger aufhalten wirst.

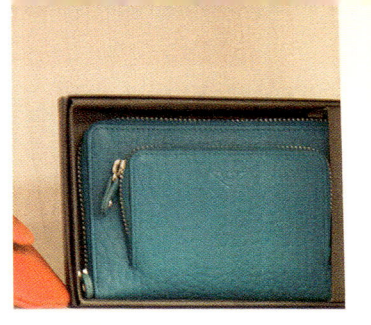

blingberlin
ACCESSORIES

Holtenauer Str. 29
24105 Kiel
(0431) 38 54 88 60
www.kuestenmaed-
chen.de

Küsten-mädchen

Maritimes Ankleidezimmer mit Stil

Bist du ein Küstenmädchen? Ich schon, und deshalb kaufe ich auch gerne in dem gleichnamigen Modeladen ein. Blau-weiß gestreifte Wände, nostalgische Kleiderständer, Frisiertisch und rotes Sofa mit Ankerkissen: Ich habe das Gefühl zu Besuch bei einer Freundin zu sein, deren Kleiderschrank ich auf den Kopf stellen darf. Anna-Elena Herzog und Annika Malyska haben sich mit ihrem charmanten Laden in der Holtenauer Straße direkt nach ihrem Studium an einer Modeakademie selbstständig gemacht. Bei einem Business-Wettbewerb haben sie 2012 sogar den Sonderpreis gewonnen. Seitdem bieten sie hier vor allem skandinavische Marken wie VILA, Selected Femme, ADPT oder Dr. Denim an. Als waschechte Kielerin liebe ich die stilvolle, maritime Mode. Du findest zudem elegante Kleider, kuschelige Strickjacken, besondere Taschen und ausgefallene Schuhe. Für jeden Geschmack und Geldbeutel ist etwas dabei. Unter ihrem Label „Küstenmädchen" entwirft das modebegeisterte Duo auch seine eigenen Kleidungsstücke. Natürlich und leger – typisch nordisch eben.

Anna-Elena und Annika (v. li.) fühlen sich im Norden zuhause

Ihr könnt auch von Zuhause aus im Online-Shop stöbern unter www.kuestenmaedchen.de!

Süderstr. 22
25746 Heide
(0481) 12 08 20 30
www.lilamode.de

LiLa

Wunderbare Kleiderwelt

Linda Cramers Laden bereichert seit 2009 die Einkaufsstraße in Heide mit skandinavischer und niederländischer Mode abseits vom Mainstream. Die gemütliche Einrichtung ist ganz nach meinem Geschmack. Zwischen den verspielten Kleiderständern, den großen Vintage-Schränken, dem maritimen Schmuck, ausgefallenen Schuhen und mädchenhaften Details fühle ich mich so richtig wohl. Was mir hier besonders gut gefällt, ist die ehrliche Beratung. Das Team strahlt dabei so viel Leidenschaft für Mode aus, dass ich mich sogar traue, mal etwas Anderes anzuprobieren. Auch wenn die romantisch-verspielten Kleidungsstücke in dezenten Farben meine Blicke zuerst auf sich ziehen, bekomme ich dennoch Lust, mal in ein farbenfrohes oder rockiges Kleid zu schlüpfen. Dabei freue ich mich über Komplimente von Linda und kann verstehen, warum viele Kundinnen zu Freundinnen geworden sind. Die Mädels von LiLa unterstützen übrigens das Hilfsprojekt „Namaste Nepal". Mit dem Kauf von hübschen Schals oder kleinen Trostpuppen ihres eigenen Labels hilfst du Erdbebenopfern mit einer Spende. Sehr sympathisch und unterstützenswert!

Bei LiLa finden regelmäßig Late-Night-Shopping-Events oder Ladies-Nights statt!

124

125

Bischof-Vicelin-Damm 5
23715 Bosau
0176/54 37 91 44
www.nahtur-design.de

nahtur-design

Eine modische Liebeserklärung an die Natur

In der idyllisch gelegenen Altenteilerkate in Bosau am Plöner See haben mich Nathalie und Josef Skultety mit ihrer Nachhaltigkeitsphilosophie begeistert. Die Beiden stellen hier ihre ökologische sowie nachhaltige Bio-Leinen-Mode und Accessoires aus. Hinzu kommen selbsthergestellte Kosmetik, feine Weine und originelle Holzlampen. Modedesignerin Nathalie schneidert dir aus hochwertigen Bio-Leinen-Stoffen die wunderschönen Kleidungsstücke – wie Kleider, Shirts, Hosen oder Ponchos – individuell auf den Leib. Gradlinig-schlicht mit modernen Elementen – so sind die Fashion-Unikate. Ich bin überrascht, wie vielfältig und schick die regionalen Stoffe sein können: von rau und knitterig bis zu weichem Leinenjersey, von naturfarben bis bunt. Die handgefertigten Holzschuhe von „Woody" mit ihren natürlichen Materialien passen perfekt zu den Outfits. Lass dir nach dem Maßnehmen doch noch einen köstlichen Tropfen von Weinhändler Josef zeigen, und genieße im blühenden Garten ein Gläschen. Das Paar hat mir auf seine offene, herzliche Art die Augen dafür geöffnet, dass Öko-Kleidung keineswegs langweilig, sondern sehr modisch, zeitgemäß und einzigartig sein kann.

Josefs und Nathalies Laden ist immer samstags und sonntags für dich geöffnet

Bei nahtur-design finden
regelmäßig Weinproben,
Kunstausstellungen und
kreative Veranstaltungen statt!

Rudolf-Diesel-Str. 14
24790 Schacht-Audorf
0173/637 81 94
www.pink-king.de

Pink King

Das Haus mit den pinken Hirsch

Du möchtest ganz entspannt schöne Kleidung und trendige Accessoires abseits vom Großstadtgetümmel shoppen? Dann kann ich dir Pink King in Schacht-Audorf ans Herz legen. In der kleinen Gemeinde bei Rendsburg findest du das Haus mit dem pinken Hirsch. Inhaberin Stefanie Zunk hat hier ein richtiges Modeparadies geschaffen, das alle Mädchenträume wahr werden lässt. Von verspielt und skandinavisch bis hin zu lässig und rockig – für alle Geschmäcker ist etwas dabei. Zu jedem Outfit findest du den passenden Schmuck, eine schicke Handtasche oder den perfekten Schuh. Sogar verführerische Wäsche gibt es hier. Stefanie legt viel Wert auf eine ehrliche Beratung und auf eine lockere Atmosphäre. Ich vertraue ihrem gekonnten Blick bei der Auswahl und Kombination meiner Lieblingsteile wie Strickjacken und Blusen. Beim Stöbern beeindruckt mich immer wieder die liebevolle Einrichtung und Gestaltung der Räumlichkeiten. Neben Fashion mit Stil findest du auch hübsche Deko- und Wohnartikel, originelle Postkarten und Hautpflegeprodukte.

Jeden ersten Mittwoch im Monat findet die Ladies Night statt. Bei Snacks, Prosecco und Musik kannst du bis 22 Uhr shoppen!

Kieler Str. 77
24340 Eckernförde
(04351) 883 64 44
www.villa-
tausendschoen.de

Villa Tausendschön

Ein Pastellfarbentraum

Im Hafenstädtchen Eckernförde findest du die verträumte Villa Tausendschön. Die riesige Schaufensterfront verrät bereits, was dich hier erwartet: wunderschöne, romantisch-verspielte Mode in Pudertönen und traumhafte Wohnaccessoires im Shabby-Chic-Stil. Beim Betreten des Ladens weiß ich nie, wohin ich zuerst schauen soll. Pastellrosa, Mintgrün, Hellblau … allein die Farben sind ein (Mädchen-)Traum. Die beiden Schwestern Iris Pieper und Nadine Grafe sind ein unschlagbares Team und gestalteten die Ladenfläche ganz nach ihren Vorstellungen – alles ist in Weiß und Hellgrau gehalten, wirkt offen, freundlich und mit viel Herz und Seele dekoriert. An verschnörkelten Kleiderständern und auf weißen Tischen drapiert, findest du Kleidungsstücke von skandinavischen und italienischen Labels, toll kombinierbare Accessoires sowie maritime Jacken für Nordlichter. Hinzu kommen tausend schöne Dinge, die das Frauenherz begehrt. Ich könnte mich Ewigkeiten in diesem Pastellfarbentraum aufhalten!

ZU HAUSE
WO DEIN
HERZ IST

Handgemachtes

Mühlenstr. 13
24229 Dänischenhagen
(04349) 915 56 55
www.fachwerk13.de

fachwerk13

Ein Haus voller Kreativität

In einem alten, rustikalen Fachwerkhaus in Dänischenhagen verbergen sich Vintage-Möbel, verspieltes Porzellan im skandinavischen Stil und außergewöhnliche Kleinigkeiten in urigen Räumlichkeiten. Die Freundinnen Britta Margenberg und Susanne Rahe richteten ihren Laden 2010 ganz nach ihren Vorstellungen ein. Der Dachboden mit seinen Elementen aus vergangenen Zeiten ist besonders beeindruckend und schön gestaltet. Man merkt, dass die beiden Besitzerinnen ihr ganzes Herzblut in fachwerk13 stecken. Im Sortiment findest du süße Kuschelkissen, farbenfrohe Kinderkleidung und niedliche Filzrucksäcke von Brittas Label „Schapp & Koje". Wenn du zu den Selbermachern gehörst, dann kannst du die bezaubernden Stoffe oder anderes Bastelzubehör sogar kaufen. Susanne hingegen ist mit ihrem Label „liebtragen" für das einzigartige Sortiment von filigranem Schmuck, bunter Mode und beeindruckenden Perlentieren aus Südafrika zuständig. Die vielen handgemachten, liebevollen Details wecken in mir immer wieder ein „Haben-Muss-Gefühl". Schau doch auch mal auf dem Blog der Beiden unter www. diegutestube.blogspot.de vorbei!

Schülperbaum 15
24103 Kiel
0174/130 07 23
www.gluecskwerk-
kiel.de

Glückswerk

Lieblingsstücke für Groß und Klein

Christina, Mirja und Martina (v. li.) haben immer wieder neue kreative Ideen

Ein kreatives Trio, unzählige Ideen und jede Menge Leidenschaft – das ist Glückswerk. Seit Juli 2015 gibt es den kleinen Laden mit handgemachten Produkten zum Verschenken oder Selbstbehalten. Die blau gestreifte Holz-Tapete, die weißen Regale aus Klappstühlen und die vielen maritimen Details erinnern mich an ein Strandhäuschen an der Ostsee. Die Inhaberinnen Christina Lerch, Martina Richter und Mirja Dunker stecken mich jedes Mal mit ihrer Fröhlichkeit und unbeschwerten Art an. Es ist so wie ein Besuch bei Freundinnen, die ein besonders kreatives Händchen haben. Während Christina unter ihrem Label „Lerchenkind" zauberhafte Baby-, Kinder- und Damenkleidung näht, stammen der verspielte Schmuck und die süßen Häkeltiere von Martinas „Zauberkind". Hinter „Muräna" steckt Mirja, die ihre Liebe zum Meer durch das Basteln mit Strandgut ausdrückt. Dabei entstehen Schmuckstücke, Wohnaccessoires und vieles mehr im maritimen Look. Die drei Mädels bieten zudem ausgewählte Produkte anderer Kreativer an. Auf Wunsch kannst du dir dein Lieblingsteil übrigens individualisieren lassen!

Hafenstr. 27
24226 Heikendorf
0176/54 92 85 44
www.kaufhaus-der-kunst.com

Kaufhaus der Kunst

Kunst und Kurioses

Nicht weit vom Möltenorter Hafen in Heikendorf entfernt, hat Sabine Luehr im Juni 2014 ihren Anker geworfen. Seitdem bietet sie dort in ihrem kleinen Laden sowohl ihre eigene Kunst als auch die von befreundeten Künstlern an. Ich bin bei jedem Besuch begeistert von ihrer Kreativität und nehme mir gerne Zeit, um die vielen Details an den Wänden und in den bunt bestückten Regalen auf mich wirken zu lassen. Aus Sabines Feder stammen wunderschöne Bilder, Radierungen, Aquarelle oder Holzschnitte, die ihre Liebe zum Meer, dem Segeln und dem Strand ausdrücken. Ich teile diese Liebe und könnte mich stundenlang in ihren Bildern verlieren. Gerne stöbere ich auch nach originellen Geschenkartikeln abseits vom Mainstream, die ich im Umkreis von Kiel nur im Kaufhaus der Kunst entdeckt habe. Du findest lustige Postkarten, maritime Kissen, niedliche Tassen, kielverliebte Geschirrtücher und unendlich viele Kleinigkeiten. Mal kurios, mal typisch norddeutsch. Auf inspirierenden Reisen hält Sabine immer Ausschau nach neuen Dingen, zu denen sie dir auf ihre fröhliche Art auch gerne mal eine Geschichte erzählt.

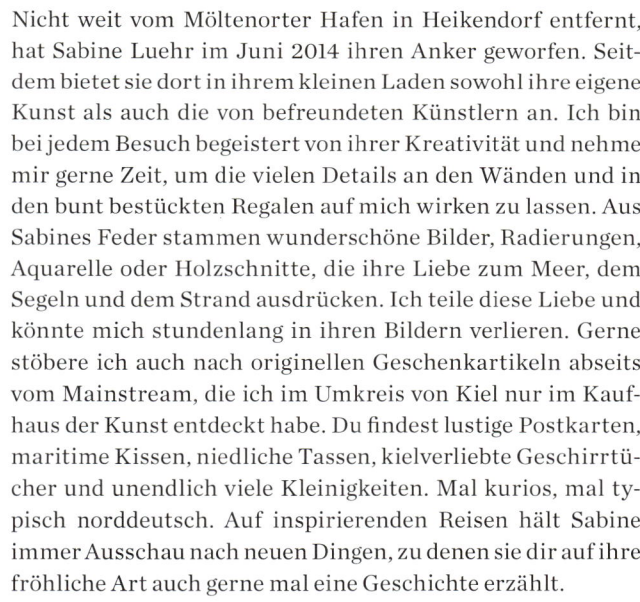

Meer, Wind und Wellen werden in Sabines Bildern fast spürbar

Einblicke in Sabines künstlerische Tätigkeiten und aktuelle Werke findest du unter www.kunstnorden.de!

Rathausstr. 8
(bei Tofte)
24103 Kiel

Kielfalt

Mit Herz und Hand gefertigt

Das Kielfalt-Team bestehend aus Carina, Saskia, Gudrun und Anika verbindet die Liebe für Handgemachtes. Bei jedem Besuch in ihrem Shop-in-Shop im Modeladen Tofte bin ich fasziniert, mit wie viel Hingabe sie nähen, basteln, gestalten und ihre Werke hier präsentieren. Carinas detailverliebter Schmuck von „Sprottenglück" – vor allem die Ankerohrringe – steht zusammen mit ihren trendigen Turnbeuteln bereits auf meiner Wunschliste. Ob Handyhülle, Teelichthalter oder Postkarte – Papier und Textilien mit maritimen Siebdruck-Motiven aus Saskias „Fördekiste" habe ich schon oft verschenkt, denn sie sind ein Muss für alle Nordlichter. Auch für die Kleinen gibt es allerhand: Anikas selbstgenähte, niedliche Kinderkleidung von „Waterkantdeern" ist für mich ein wunderbares Mitbringsel für (Bald-)Mamis. Dazu passen die Holzbuchstaben fürs Kinderzimmer von Gudrun und ihrem Freund Thomas perfekt. Mit den zauberhaften Schmetterlingsbildern und Beton-Accessoires ihres Labels „herz6inder7" möchte ich meine Wohnung unbedingt noch aufpeppen. Die vier Mädels bieten zudem Kreatives von anderen Selbermachern an. Ein wunderbar vielfältiges Sortiment, in dem ich stundenlang stöbern könnte!

Knooper Weg 48a
24103 Kiel
(0431) 64 08 50 46
www.ladengut.de

LadenGut

Sechs kreative Köpfe voller Ideen

Türkisgestrichene Fensterrahmen und eine bunte Wimpelkette leuchten dir im Knooper Weg schon von weitem entgegen. Genauso farbenfroh sind auch die hellen Räumlichkeiten von LadenGUT. Geschwungene Bogenfenster und die schlanken Säulen, die eine Galerie tragen, haben etwas Märchenhaftes. Das ist das Reich von sechs kreativen Designerinnen und Künstlerinnen aus Kiel und Umland. Carola, Ute, Heike, Birgit, Karin und Ingeborg bieten unter ihrem jeweiligen Label liebevoll Handgemachtes an. Von zauberhaftem Glasperlenschmuck und verspielten Filzarbeiten über Meerglaskunst und hochwertige Ledertaschen bis hin zu phantasievollen Kartonagen und niedlichen Stoffpüppchen – das Sortiment von Design und Kunsthandwerk könnte vielfältiger nicht sein. Die mit Kreidefarbe bemalten Möbel und Nostalgisches aus „LisbethsLaden" haben es mir besonders angetan. Für das Frauenteam stehen nachhaltige und hochwertige Materialien an oberster Stelle. LadenGUT gehört übrigens zur Weitblick eG, einer Genossenschaft, die Gründerinnen sowie Unternehmerinnen unterstützt. Ob Selbstgestricktes, Fotografiertes, Gedichtetes oder Gestaltetes aus Holz und Beton – LadenGUT vermietet auch Verkaufsfläche für Produkte anderer Kreativer!

Einige Künstlerinnen von Laden-GUT bieten auch kreative Workshops an. Aktuelle Infos findest du unter www.ladengut.de!

Poststr. 28
24589 Nortorf
0152/24 43 07 99
www.natuna-
kunsthandwerk.de

Natuna

Ein unikates Kunsthandwerk

Individualität, Persönlichkeit und Kreativität sind das Aushängeschild von Natuna in Nortorf. Das Ladengeschäft bietet unikate Handarbeiten und Handwerkskunst aus den verschiedensten Bereichen von Künstlern aus ganz Schleswig-Holstein an. Für Inhaberin Claudia Schulze steht dabei der Gedanke eines großen Netzwerks im Vordergrund. Zu jedem der außergewöhnlichen Produkte kennt sie die ganz eigene Schaffensgeschichte. Es ist genau diese persönliche Nähe, die mich hier packt. Im Sortiment findest du originelles Wohndesign, maritime Malereien, wunderschönen Schmuck, niedliche Kindermode sowie individuelle Kleidung des eigenen Labels „Natuna Unikat". Hinzu kommen Filzarbeiten, Figuren aus Kupfer, Porzellan und Keramik. Ich kann mich an den schönen Dingen gar nicht satt sehen. Alles ist hochwertig und mit viel Liebe gestaltet. Ich mag die malerischen Illustrationen auf Postkarten oder Schlüsselbretter besonders gern. Wenn du auf der Suche nach einem Geschenk bist, wirst du hier ganz sicher fündig!

Claudia liebt es, bei Natuna Kreativität zu fördern und mit anderen Menschen zusammen Kunst zu erleben

ZU HAUSE IST WO DEIN HERZ IST

Bei Natuna kannst du auch an spannenden Workshops teilnehmen!

Kleiner Kuhberg 36
24103 Kiel
0176/45 78 01 27
www.raumzutat.de

Raumzutat

Das Warenhaus des Handgemachten

Die wunderschöne Außenfassade und die verschnörkelten Stühle vor der Tür von Raumzutat werden dich schon im Vorbeigehen magisch anziehen. Ebenso beeindruckend sind die Räumlichkeiten. Die hohen Decken aus vergangenen Zeiten, die freiliegenden Backsteinwände, die alten Säulen und der rustikale Verkaufstresen schaffen ein ganz besonderes, uriges Ambiente. In dem mit großer Detailverliebtheit gestalteten Verkaufsraum warten handgemachte, einzigartige Produkte von lokalen Künstlern darauf, von dir entdeckt zu werden. Inhaberin Yvonne Ziemer arbeitet mit fast 50 Ausstellern zusammen, die hauptsächlich aus der norddeutschen Region kommen. Das Sortiment ist einzigartig, hochwertig und kreativ. Du wirst über die vielseitige Kunst, bezaubernde Mode, handgemachte Naturkosmetik, kulinarische Leckereien, schicken Schmuck, ausgefallene Wohnaccessoires und Kleinmöbel im Vintage-Look verblüfft sein. Ich habe mich bereits unsterblich in die maritimen Siebdruckkissen, die originellen Betonbuchstaben und den nostalgischen Frisiertisch verliebt. Hier finden übrigens auch regelmäßig kreative Schmuck- und Malkurse sowie Verköstigungen statt.

NICHT MÜDE
WERDEN
SONDERN
DEM
Wunder
LEISE
WIE EINEM
VOGEL
DIE
Hand
Hinhalten...

H. DOMIN

Holtenauer Str. 194
24105 Kiel
(0431) 53 65 46 47
www.marie-christian-
heime.de/manufact

Unikat

Ein kunterbuntes Ideenreich

Nicole Stöckli ist sowohl Heilpädagogin als auch Kunstthera-
peutin und steht den Kreativen unsütztend zur Seite

Unikat bringt seit November 2015 noch mehr Individualität
und ein besonderes Konzept in meine liebste Einkaufsmeile
– die Holtenauer Straße in Kiel. Die fröhlich und hell gestalteten Räumlichkeiten beherbergen sowohl einen Laden für
Kunsthandwerk als auch einen offen gestalteten Atelierbe-
reich. Beim Anblick der künstlerischen Arbeiten und farbenfrohen Bilder, des wundervollen Schmucks, Originellem aus
Holz, Beton oder Textil bekomme ich immer gute Laune. Die
niedlichen, maritimen Filzmäuse haben mein Herz auf Anhieb erobert. Kein Produkt gleicht dem anderen, und alles ist
mit einer großen Portion Liebe handgemacht. Du kannst den
kreativen Köpfen sogar beim Werkeln über die Schulter
schauen. Überall stehen Pinsel, Skulpturen, Farbtöpfe oder
die verschiedensten Bastelmaterialien. Unikat gehört übrigens zu ManuFact der Marie-Christian-Heime. Das ist ein
Arbeitsangebot für Menschen mit einem Handicap. Ein Konzept ohne kommerzielle, sondern ausschließlich mit sozialer
Zielsetzung, das in jedem Fall unterstützenswert ist und
mich sehr beeindruckt hat!

153

Bei Unikat haben Menschen mit einem Handicap die Möglichkeit, in einem normalen Umfeld zu arbeiten und am sozialen Leben teilzunehmen.

Beauty

Rathausstr. 4
24103 Kiel
(0431) 888 19 45
www.hairdress-
by-antje.de

hairDress by Antje

Wohlfühlen mit allen Sinnen

Im Herzen Kiels habe ich den wunderbaren Friseursalon hairDRESS by Antje entdeckt, der mich mit seiner edlen Optik gleich ansprach. Bei einem Besuch konnte ich Schönheit mit allen Sinnen erleben. Der Salon in der Rathausstraße ist in natürlichen Farben in Moosgrün, Gold und Braun gehalten und versprüht so Ruhe und Entspannung. Inhaberin Antje Krüger legt viel Wert auf ganzheitliches Wohlfühlen und individuelle Beratung. Um mein Wellnessprogramm perfekt zu machen, reicht sie mir zunächst einen aromatischen Kräutertee. Dieser stammt – so wie die Pflegeprodukte – von Aveda. Die Naturprodukte der Marke stehen übrigens für den respektvollen Umgang mit der Umwelt. Bei einer angenehmen Handmassage kannst du vom stressigen Alltag abschalten. Mir zaubert die Friseurmeisterin geschmeidige, glänzende Locken und steckt einzelne Strähnen kunstvoll zusammen. Wenn du auch von einer langen Mähne träumst, kannst du dir hier sogar die Haare verlängern lassen. Bei Antje kommen Kunden nicht zu einem Termin, sondern zu Besuch in den Salon. Und sie verlassen ihn mit einem Lächeln – so wie ich!

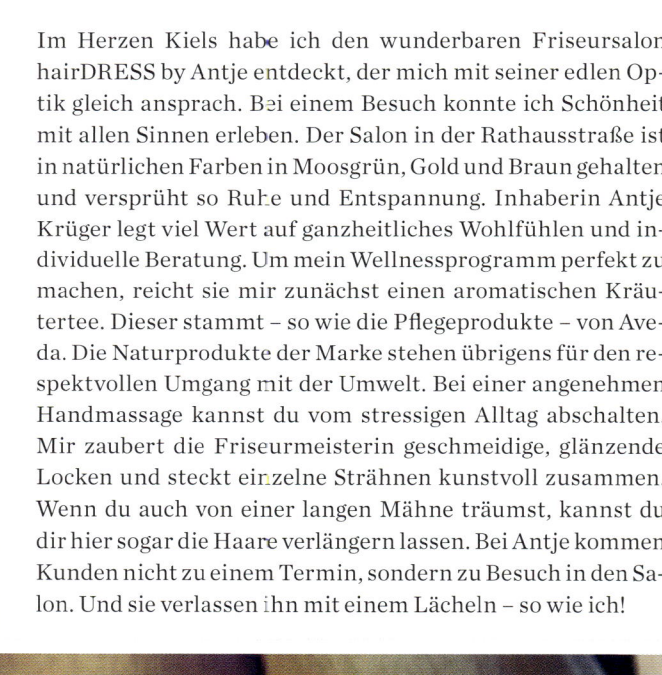

Legienstr. 27
24103 Kiel
01525/682 27 24
www.handwerkkiel.de

HandWerk

Zeit für individuelle Schönheit

Träumt nicht jede Frau von einem verführerischen Wimpern-aufschlag? Ich habe ihn mir im Kosmetikstudio HandWerk mit einer Wimpernverlängerung erfüllt. Das Ergebnis hat mich begeistert, denn es wirkt überhaupt nicht unnatürlich. Die Wimpern sind lang, schwarz, geschwungen, voluminös. Kein Wunder, denn in den gemütlichen Räumlichkeiten sind echte Schönheitsprofis am Werk. In den Händen von Annette Hülnhagen fühle ich mich gut aufgehoben und wie zu Besuch bei einer Freundin. Ich vertraue ihr und ihrem Team, wenn ich mir ein typgerechtes Make-up, die perfekte Augenbrauen-form oder eine effektive Hautpflege wünsche. Ich finde es be-eindruckend, dass sie sogar ihre eigene Kosmetiklinie entwickelt hat. Die exklusiven HandWerk-Produkte mit Wirkstoffen aus der Medizin kannst du hier bei einer der vielen Hautpflege-anwendungen kennenlernen. Ich kann dir nur ans Herz le-gen, dir und deiner Haut mal etwas Gutes zu tun und dich bei HandWerk zum Beispiel bei einem „Hydrafacial" – einem be-sonders schonenden Peeling – verwöhnen zu lassen. Ich habe mich schon über Komplimente zu meinen Wimpern gefreut, und die Mascara in meine Schminkschublade verbannt!

Annette hat sich mit ihrer eigenen Kosmetiklinie einen Traum erfüllt

Vorher

Nachher

Übrigens, hier wird auch eine dauerhafte Haarentfernung per Lasertechnik angeboten!

Martenshofweg 2–8
24109 Kiel
(0431) 533 13 00
www.hotel-birke.de

Hotel Birke

Wellness für Körper, Geist und Seele

Wenn du einen entspannten Wellnesstag in Kiel verbringen möchtest, kann ich dir das Hotel Birke empfehlen. Bereits seit 40 Jahren befindet es sich in familiärer Hand. Besonders beeindruckend finde ich den achtsamen Umgang mit unserer Region und ihren Schätzen. Im Birke-Spa wird fast ausschließlich Kosmetik aus Kiel verwendet. Beim Entspannen im großen Schwimmbad, in der wärmenden Sauna, bei einem wohltuenden Dampfbad oder den verschiedenen Körper-Anwendungen kannst du dem stressigen Alltag wunderbar entfliehen und eingekuschelt in einen Bademantel einfach mal die Seele baumeln lassen. Eine anschließende Übernachtung in den gemütlichen Hotelzimmern sorgt für weitere Wohlfühlmomente. Aber auch als Tagesgast kannst du das stilvolle Ambiente des Spas genießen. Ich kann dir die angenehme Ganzkörpermassage mit Bernsteinen nur ans Herz legen. Zum Abschluss solltest du dich unbedingt von der frischen Küche des „Fischers Fritz"-Restaurants verwöhnen lassen, die ebenfalls zum größten Teil Produkte aus der Region verarbeitet. Die Fischgerichte sind ein Gedicht! Körper, Geist und Seele sind dann bestimmt wieder in Einklang gebracht!

Christian, Rainer und Ehefrau Jasmine Birke sowie Geschäftsführer Florian Buchebner (v. re.) leiten das Vier-Sterne-Wellness-Hotel

Gutenbergstr. 54
24118 Kiel
(0431) 57 08 79 99
www.katja-
kalaschnikow.com

Katja Kalaschnikow

Ohne Gefahr schöne Haare

Der kleine, aber feine Friseur-Salon Katja Kalaschnikow Hair & Make-up gehört für mich zu den Perlen im Kieler Haarschneide-Dschungel. Was ein bisschen gefährlich klingt, offenbart sich als entwaffnende Wohlfühloase mit einer bildschönen, zierlichen Inhaberin. Die Einrichtung trägt ebenfalls zum Kontrastprogramm bei. Bilder von großen Diven aus vergangenen Jahrzehnten hängen über der Vintage-Tapete an der Wand. In den Regalen und Kommoden mit Retro-Charme finden sich neben allerlei hübschen Fläschchen pflegende Haaröle und Conditioner. Lampenschirmchen aus Omas Zeiten und Kronleuchter spenden gemütliches Licht. Nicht nur das Ambiente ist der Friseurmeisterin und Make-up-Artistin wichtig. Katja verwendet Haarpflegeprodukte einer Firma, die recycelbare Verpackungen herstellt und auf Tierversuche verzichtet. Auf Wunsch kannst du dich mit hochwertigem Make-up schminken lassen. Für dein Styling nimmt sich das Team hier viel Zeit, und auch eine Beratung kommt nicht zu kurz. Ich empfehle dir, frühzeitig einen Termin zu vereinbaren!

Die gemütlichen und nostalgischen Details ihres Salons hat Katja zum Teil auf Flohmärkten erstanden

Herrenhaus
Gut Knoop
24161 Altenholz
(0431) 385 94 11
www.our-focus.de

Our Focus Photography

Bilder, die das Leben schreibt

Ich habe nicht schlecht gestaunt, dass es auf dem romantischen Gut Knoop in Altenholz, umgeben von Baumalleen, Wald und Feldern, ein Fotostudio gibt. Das Ambiente bei Our Focus Photography ist damit einmalig, denn die hohen Decken, großen Flügeltüren und rustikalen Dielenböden haben den Charme eines alten Adelshauses. Hinzu kommt der wunderschöne Blick auf den Nord-Ostsee-Kanal. Überall finden sich nostalgische Requisiten und edle Vintage-Möbel. Mit viel Leidenschaft und Freude halten Ines Matz-Boomgaarden und ihr Team hier oder in dem traumhaften Garten des Herrenhauses unvergessliche Momente des Lebens wie Hochzeiten, eine Schwangerschaft, das neugeborene Baby oder Familientreffen fest. Aber auch aussagekräftige Bewerbungsbilder, Firmenporträts, ästhetische Akt- oder schicke Beautyaufnahmen inklusive passendem Make-up werden neben weiteren Extras angeboten. Bei einem Foto-Shooting mit Ines – bei dem auch das Bild von mir im Vorwort entstanden ist – fühle ich mich auf Anhieb wohl und keineswegs unsicher. Das liegt vor allem an ihrer herzlichen und humorvollen Art. Die tollen Fotos, die dabei entstehen, sind wunderbare Erinnerungen und besondere Geschenkideen!

Ines nimmt sich bei einem Fotoshooting in entspannter
Atmosphäre viel Zeit für dich

Zeitreise

Faulstr. 20
24103 Kiel
(0431) 946 47

Fritz Castagne

Ein meisterhaftes Handwerk

Im Zeitalter der Digitalisierung ist ein Buch etwas, das bleibt und Gedanken sicher bewahrt. In der Buchbinderei Fritz Castagne wird mir das immer wieder bewusst. In der offenen Werkstatt mit 200 Jahre alter Traditionsgeschichte kannst du dir einen Eindruck von dem vielfältigen Beruf des Buchbinders verschaffen. Stefanie Tönnis und ihr Team hauchen Büchern in mühevollen Restaurationsarbeiten neues Leben ein. Dabei kommen sowohl jahrhundertealte Maschinen als auch moderne Techniken zum Einsatz. Beim Betrachten der wertvollen Werke aus vergangenen Zeiten empfinde ich jedes Mal Ehrfurcht. Es werden auch Fachzeitschriften gebunden oder ganz individuelle Sonderanfertigungen hergestellt. Dabei entstehen wunderschöne Einbände aus verschiedensten Materialien und künstlerische Prägungen. Einzigartige Leporello, Notiz- oder Fotobücher verschenke ich gerne, und auch ich selbst freue mich über so ein besonderes Einzelstück. Der Verkaufsraum lädt übrigens zum Stöbern ein: Du findest hier Stempel, Washi Tape und andere Kleinigkeiten aus Papier. Ich bin beeindruckt von diesem kreativen Ort, der ein meisterhaftes Handwerk ins Heute holt.

Stefanies große Leidenschaft: etwas mit den eigenen Händen erschaffen

HAFIS
Liebesgedichte

Insel-Bücherei

«*Will keiner trinken?
keiner lachen?*»
Goethe und der Wein

Insel-Bücherei Nr. 1400

Zum Dänischen Wohld 23
24159 Kiel
(0431) 39 33 00
www.buchhandlung-
friedrichsort.de

Buchhandlung Almut Schmidt

Ein Leuchtturm im Büchermeer

Wenn Gemütlichkeit einen Geruch besäße, würde sie für mich nach Papier, frischer Druckerschwärze und Kräutertee duften. Genau so wie in der Buchhandlung Almut Schmidt. Der kleine, lichtdurchflutete Laden befindet sich im Souterrain einer Friedrichsorter Einkaufszeile. Ein Leben ohne Bücher ist für die beiden herzlichen Inhaber Sonja und Hauke Harder unvorstellbar. Ein bis zwei Neuerscheinungen lesen sie pro Woche. Von einer eigenen Buchhandlung hat das Paar schon immer geträumt. Ob Erzählungen, Biografien oder Krimis – Hauke und Sonja haben für jeden den passenden Tipp parat. Bei der Veranstaltung „Erlesenes" stellt der sympathische Literaturfreund Hauke zwei Mal im Jahr seine ganz persönliche Lieblingslektüre der kommenden Saison vor. Zudem finden auch regelmäßig Autorenlesungen statt. Ich liebe gute Bücher, die mich in fremde Welten bringen oder ferne Länder bereisen lassen. Schön, dass es in Zeiten von Online-Shopping noch solche persönlichen, inhabergeführten Buchhandlungen gibt.

Hauke und Sonja veröffentlichen ihre Buchrezensionen auf ihrem Blog www.leseschatz.wordpress.de

175

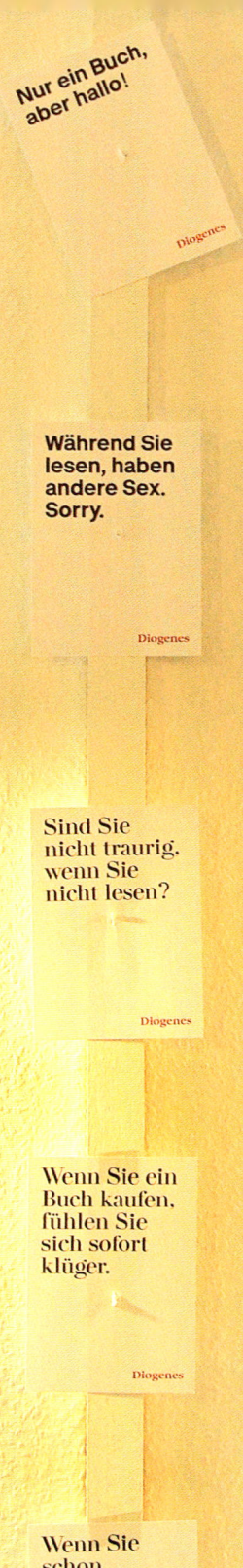

**Nur ein Buch,
aber hallo!**

Diogenes

**Während Sie
lesen, haben
andere Sex.
Sorry.**

Diogenes

*Sind Sie
nicht traurig,
wenn Sie
nicht lesen?*

Diogenes

*Wenn Sie ein
Buch kaufen,
fühlen Sie
sich sofort
klüger.*

Diogenes

*Wenn Sie
schon
riskieren, ein
Buch zu lesen,
dann bitte
wenigstens
ein
anständiges.*

Sonja und Hauke verkaufen größtenteils Geschichten, die sie selbst gelesen haben und gut finden.

Pickertstr. 27–29
24143 Kiel
(0431) 26 04 05 55
www.eismeyer.de

Eis-Meyer

Milchshakes und Rock'n'Roll

Einmal Milchshakes mit Marilyn Monroe schlürfen, dabei mit den Füßen im Takt zu Elvis' „Blue Suede Shoes" wippen und James Dean verführerisch zuzwinkern – und das mitten in Kiel. Klingt nach einer Traumvorstellung, ist bei Eis-Meyer in der Pickertstraße aber ganz real. Dort kannst du dich auf eine Zeitreise in die 50er Jahre begeben. Inhaber Willi Karnatzki hat die 35 Jahre alte Eisdiele in ein amerikanisches Diner verwandelt. Die Diesel-Tanksäule sowie die originale Jukebox bestückt mit alten Vinylplatten stammen sogar aus den 50ern und versprühen zusammen mit den nostalgischen Blechschildern, den mintfarbenen Sitzbänken und Bildern von Hollywoodlegenden ein besonderes Flair. Neben der authentischen Einrichtung liegt Willi auch die Wahl von regionalen als auch hochwertigen Zutaten für seine Eisspezialitäten am Herzen. Mit aromatischen Erdbeeren vom Früchtehof und frischer Milch vom Bauern um die Ecke schmeckt mir ein Milchshake oder Eisbecher gleich doppelt so gut. Ein einzigartiger Ort und ein farbenfrohes Geschenk für diesen Stadtteil!

Eis-Meyer liefert dir sogar Eis nach Hause! Bestelle deine Lieblingssorten einfach per Telefon oder unter www.eismeyer.de!

Holtenauer Str. 162
24105 Kiel
(0431) 220 78 90
www.metrokino-kiel.de

metro-Kino

Kleines Kino ganz groß

Schon seit meiner Kindheit bin ich Kinofan. Ich liebe den Duft von frisch aufgeploppten Popcorn, die knisternde Atmosphäre während eines spannenden Films, Tränen vor Rührung am Ende einer Liebestragödie oder vor Lachen bei einer lustigen Komödie. Trotz großem Leinwandspektakel darf das Kino selbst gerne klein, gemütlich und persönlich sein, so wie das metro-Kino im Schlosshof. Zwischen Eiskonfekt, Coca-Cola und Plakaten von großen Künstlern unserer Zeit erzählt dir das Kieler Lichtspielhaus aber auch seine ganz eigene Filmgeschichte. Bereits Ende der 30er Jahre begeisterte es das Publikum in den Kinosälen. Nach einer zehnjährigen Schließung werden zum Glück seit 2006 wieder anspruchsvoller Mainstream sowie Filmkunst präsentiert. Nach dem Umbau wurde der nostalgische Charme mit den alten Original-Sitzen aus vergangenen Jahrzehnten in der Café-Bar und vielen alten Fotos erhalten. Das Programm wurde mit kulturellen Veranstaltungen wie Comedy, Kabarett, Lesungen und Unplugged-Konzerten noch vielfältiger und zu einer wahren Institution, die bis heute die Leute weg vom Fernseher ins Kino oder vor die Bühne lockt!

Das Kino-Café hat neben dem beliebten Kinofrühstück auch täglich selbstgebackene Kuchen, Kaffeespezialitäten und Snacks im Angebot!

GLORIA-PALAST 1951 (HOLSTENBRÜCKE)   GLORIA-PALAST 1951 (HOLSTENBRÜCKE)   METRO-KINO IM SCHLOßHOF 1951   METRO-KINO IM SCHLOßHOF 1951

Meierhof 4
24358 Ahlefeld-Bistensee
(04338) 999 28 08
www.rathjens-depot.de

Rathjens Depot

Eine Reise in die Vergangenheit

Sobald ich die Hofeinfahrt von Rathjens Depot erreiche, begebe ich mich auf eine Reise durch andere Zeiten. Zwischen den Vintage-Möbeln aus vergangenen Jahrzehnten sowie den nordischen und französischen Schätzen im Shabby-Chic verlasse ich das Hier und Jetzt. In dem großen, imposanten Raum mit der hohen, weißen Decke und den glitzernden Kronleuchtern nimmt mich die romantische Atmosphäre bei jedem Besuch gefangen. Stefanie Rathjens hat den ehemaligen Landgasthof seit September 2014 in mühevoller Arbeit restauriert. Dort findest du auf 490 Quadratmetern verspielte Kommoden und Schränke, verschnörkelte Spiegel, robuste Tische, pastellige Stühle und nostalgische Küchenantiquitäten. Jedes Möbelstück hat Stefanie eigenhändig in ihrem Transporter von Flohmärkten in Dänemark, Holland, Belgien oder Frankreich zu uns in den hohen Norden gebracht und liebevoll aufbereitet. In den Schränken und auf dem verwinkelten Dachboden verstecken sich viele weitere Dinge, die ihre ganz eigene Geschichte erzählen.

Als Autorin mehrerer Bücher teilt Stefanie ihre Liebe für den Stil vergangener Zeiten und zeigt dir inspirierende Dekoideen

Stefanie liefert ihre Schätze sogar deutschlandweit! Infos und eine Ladengalerie findest du auf ihrer Website.

Kronshagener Weg 10
24103 Kiel
(0431) 64 08 02 48
www.unverpackt-kiel.de

unverpackt

Der Laden der anderen Art

Jeden Tag produzieren wir Müll und kaufen im Supermarkt immer wieder neuen dazu. Viel zu oft landet mehr in meinem Einkaufskorb, als ich eigentlich brauche, weil ich die Mengen nicht selbst bestimmen kann. Wäre es nicht toll, wenn man bedarfsgerecht und ohne Verpackungsmüll einkaufen könnte? So wie zu alten Tante-Emma-Zeiten? Genau das dachte sich auch Marie Delaperrière, die mit ihrem Laden der etwas anderen Art in Kiel ein ganz neues Einkaufserlebnis ins Leben gerufen hat. Bei unverpackt werden die überwiegend regionalen und nachhaltigen Bio-Produkte in loser Form angeboten. Wie funktioniert das genau? Ob Getreide, Backzutaten, Obst, Gemüse, Nudeln, Süßkram, Pflanzenöle oder sogar Shampoo und Putzmittel – das gesamte Sortiment lässt sich in mitgebrachte, umweltschonende Dosen oder Gläser abfüllen, die du hier aber genauso wie Bio-Baumwoll-Beutel erwerben kannst. Auf den Info-Tafeln und Musterregalen ist zudem alles bildlich erklärt. Ich finde Maries Philosophie eines bewussten Umgangs mit der Umwelt sowie unseren Lebensmitteln beeindruckend, so wie viele Kieler von jung bis alt, die hier regelmäßig einkaufen!

Marie hat den „Zero Waste e.V. Kiel" mitgegründet, der sich für einen verpackungsfreien Einkauf stark macht

> *Auf der schönen Terrasse kannst du Kaffeespezialitäten, Smoothies und Müsli mit verschiedenen Toppings genießen!*

Das MUSTERREGAL kann Ihnen helfen, sich das Menge - Gewicht Verhältnis besser vorzustellen! Hier sind unsere Produkte in den üblichen Mengen

ERDNÜSSE 2,50€

Gnocchi Bio & Vegan 500g 1,50€

Erdnüsse ger. ges. vegan 150g 1,30€

Haferflocken Bio & Vegan 500g 1,30€

REIS PARBOILED 500g 2,15€

COLA-HERZEN
unverpackt lose, nachhaltig, gut

Zuckerfreie Himbeeren
unverpackt lose, nachhaltig, gut

Danksagung

An dieser Stelle möchte ich mich bei den Menschen bedanken, ohne die dieses Buch undenkbar wäre.

Ein besonderer Dank geht an Nadja Ulrich, die dieses Buch hauptverantwortlich gstaltet hat. Mit ihrem Herzblut und ihrer liebevollen Art hat sie meine Vorstellungen auf jeder Seite Wirklichkeit werden lassen. Aber auch mit Hilfe von Wibke Freund und Pia Noorden ist das Layout so wunderbar geworden!

Ich danke Kathrin Knoll, die mich so oft auf meinen Reisen begleitet und beim Fotografieren unterstützt hat. Viele Bilder aus diesem Buch stammen von ihr, denn ich vertraue ihrem Auge für besondere Details. Außerdem möchte ich Kerstin Kristahl danken, die alle meine Texte Korrektur gelesen hat und mir immer mit Rat und Tat zur Seite stand.

Ebenfalls ein großes Dankeschön an die beiden Mediaberaterinnen Katharina Muhr und Gesa Butenschön.

Ich möchte aber auch meinem Freund und meiner Familie danken, die immer an mich glauben und darin bestärken, meine Träume zu leben. Ich liebe euch!

Last but not least: Danke an Ines Matz-Boomgaarden, die das Porträt von mir im Editorial gemacht hat, und Kristiane Kraft, aus deren Feder die wunderschöne, handgezeichnete Schleswig-Holstein-Karte in diesem Buch stammt.

Entdecke Kiel!

Förde Fräulein

KIELS ZAUBERHAFTE ADRESSEN

Du möchtest weitere Geheimtipps aus Kiel entdecken? Sichere dir auch den ersten Band „**Förde Fräulein — Kiels zauberhafte Adressen**" und die liebevoll gezeichnete Stadtkarte der Landeshauptstadt unter:

www.falkemedia-shop.de
www.fördefräulein.de

Impressum

„Förde Fräulein – Zauberhafte Adressen aus Kiel und Schleswig-Holstein" ist eine Publikation aus dem Hause falkemedia.

Herausgeber: falkemedia Stadtmagazine GmbH, K. A. Goukassian (V. i. S. d. P.), An der Halle 400 #1, 24143 Kiel, Fon (0431) 200 766-00, Fax (0431) 200 766-50, HRA 8781 KI Amtsgericht Kiel

Redaktion: Finja Schulze
Fotografie & Bildbearbeitung: Finja Schulze, Kathrin Knoll
Lektorat & Schlussredaktion: Kerstin Kristahl
Layout & Bildbearbeitung: Nadja Ulrich, Wibke Freund, Pia Noorden
Illustration Schleswig-Holstein-Karte: Kristiane Kraft

www.fördefräulein.de
www.falkemedia.de

SYLT

FLENSBURG

GLÜCKSBURG

AMRUM

FÖHR

SCHLESWIG

ECKERNFÖRDE

HUSUM

RENDSBURG

WESTERHEVER

TÖNNING

ST. PETER ORDING

HEIDE

BÜSUM

WACKEN

BRUNSBÜTTEL

ITZEHOE

GLÜCKSTADT

A: OLDSUMER MÜHLE

B: NORDERTOR

C: SCHLOSS GLÜCKSBURG

D: SCHLEIBRÜCKE

E: SCHLOSS GOTTORF

F: WIKINGER MUSEUM HAITHABU

G: BÜSUMER KRABBENBRÖTCHEN

H: WASSERTURM

I: NORD-OSTSEE-KANAL

J: RENDSBURGER HOCHBRÜCKE

K: EHRENMAL

L: GORCH FOCK

M: FEHMARNSUNDBRÜCKE

N: SCHLOSS PLÖN

O: WACKEN OPEN AIR

P: RATHAUS

Q: EUTINER SCHLOSS

R: VIERMASTBARK PASSAT

S: ALTES RATHAUS

T: KARL-MAY-FESTSPIELE

U: HOLSTENTOR

V: ELBFÄHRE

W: ALTES RATHAUS

X: DROSTEI

Y: RATZEBURGER DOM